AF145273

Islandfahrten

*

Tagebuchaufzeichnungen

1996 & 2000

von

Dietmar Friedrich

Bibliografische Information der Deutschen Nationalbibliothek:
Die Deutsche
Nationalbibliothek verzeichnet diese Publikation in der Deutschen
Nationalbibliografie;
detaillierte bibliografische Daten sind im Internet über
www.dnb.de abrufbar.

„Herstellung und Verlag: BoD – Books on Demand,
Norderstedt"

ISBN 978-373-223-7531

1996

Fahrt auf der Autobahn in Richtung Norden, mit dem Ziel Dänemark. Von dort aus will ich mit der Fähre nach Island übersetzen. Bei Heide, einer kleinen Stadt in Schleswig Holstein, fuhr ich von der Autobahn ab, da das Benzin sich dem Ende zuneigte. An der Ausfahrt kündeten Schilder, dass in der Nähe ein Motorradtreffen stattfinden soll. Kurzentschlossen entscheide ich mich, ihnen zu folgen, da ein solch orgiastisches Fest stets nach meinem Geschmack ist. Den Abend verbrachte ich zwischen Lagerfeuer und Bar. Führe „Benzingespräche." Das in der Gegend um Heide gesprochene Idiom gleicht so ziemlich Eins zu Eins der Sprache, wie man sie aus dem Werner-Filmen kennt. „We´nä, tu mal den Bölkstoff rübää!"

Heide, den 22. Juni 1996

In einer hiesigen Werkstatt wechselte ich am Morgen, auf die Schnelle, den hinteren Reifen meines Motorrads, da sich der grobstollige Gummi während der gestrigen Autobahnfahrt aufzulösen begann. Er ist wohl für raues Gelände, nicht jedoch für die Autobahn ausgelegt. So kam es, dass meine Reisekasse gleich einmal um zweihundert Mark erleichtert wurde.

An Bord der Norröna, den 23. Juni 1996

Die Fähre nach Island ist relativ spartanisch eingerichtet. Auch ihre Größe ist nicht eben beeindruckend. So sind etwa die meisten Fähren, die zwischen Dänemark und Norwegen verkehren, weitaus größer und auch luxuriöser ausgestattet. Das überrascht, da doch die Strecke über den Nordatlantik kaum mit dem kurzen Sprung über den Skagerrak zu vergleichen ist.

*

Obwohl die See relativ ruhig ist, wird das Schiff doch immer wieder von einzelnen Brechern, oder besser gesagt, unregelmäßigen Wellen, getroffen, die es oftmals stark schlingern lassen. Diese plötzlichen Stöße sind unangenehmer, als es das starke Schaukeln bei höheren Wellengang wäre. Etliche der Passagiere sind seekrank. Besonders scheinen die Kinder betroffen.

Wenn ich in ihre fahlen, apathischen Gesichtchen blicke, durchflutet mich eine starke Welle des Mitleids. Ich mache mir einige Sorgen, dass auch ich seekrank werden könnte, da ich in den letzten drei Tagen gerade einmal ein Steak-Brötchen gegessen habe und noch immer keinen Hunger verspüre. Aber ich denke, diese Sorge ist wohl unbegründet. Schließlich geriet ich auf dem Schiff, das mich vor einigen Jahren von Ägypten nach Syrien brachte, in einen wirklichen Sturm. Fast alle Passagiere wurden seekrank. In meiner Kabine, die ich noch mit etlichen anderen teilte, war das einzige Waschbecken bis zum Überlaufen mit Erbrochenen angefüllt. Aber selbst unter diesen Umständen verspürte ich nicht die geringsten Anzeichen von Übelkeit, geschweige denn von Seekrankheit.

Oyndarfjørður, den 24. Juni 1996

Die Faröer Inseln. Wellenumbrandete Felsen im Nordatlantik. Grünes, Nebel- verhangenes Fjordland. Schön wie das Lächeln einer blonden, stolzen Frau. Die Inseln begrüßten mich mit dem typischen Nordatlantikregen. Vielleicht wollten sie mich, als Neuling, mit ihren Wassern taufen. Doch hier herrscht an jeder Biegung der Straße ein anderes Wetter. Nachdem ich im

Landesinnern durch dichten, undurchdringlichen Nebel fuhr, brach bald darauf die Sonne durch die Wolken. Dann wieder, hoch über den Fjorden, peitschten Sturmböen über Felsen und Wiesen hinweg. Nun sitze ich hier, auf den fetten Wiesen über dem Oyndarfjord, trinke Tee und rauche gemütlich eine Pfeife. Unter mir singen die Wellen ihr leises Lied. Es ist bereits nach zehn Uhr abends und noch immer taghell. Diese lichten Sommernächte - das ist es, was ich am Norden so liebe.

*

Hier auf den Faröer-Inseln scheint es noch etwas besonderes zu sein, wenn man Motorrad fährt. Als ich hier in Oyndarfjørður ankam liefen gleich ein halbes Dutzend blonder Jungs zusammen, um meine Maschine zu bestaunen. Eine ähnlichen Auflauf habe ich zuletzt erlebt, als ich kurz nach der Wende, nach Sachsen und Thüringen fuhr. Es ist aber auch kein Wunder, wenn auf Inseln, auf denen es zweihundertachtzig Tage im Jahr regnet, Motorräder eher selten sind.

Oyndarfjørður, den 26. Juni 1996

Bis etwa drei Uhr Dauerregen. Habe aber trotzdem, am späten Nachmittag, eine kleine Rundfahrt über die Insel Esturoy gewagt. Am Abend besichtigte ich dann den Rinkursteinar, einen mächtigen Fels, der sich trotz seiner Größe und seines Gewichts im Takt der Brandung auf und nieder bewegt. Man kann das sehr deutlich an einem Seil sehen, das zwischen Fels und Ufer gespannt ist.

Seyðisfjörður, den 27. Juni 1996

Jetzt bin ich in Island. Ich will es noch gar nicht glauben. Alles kommt mir ein wenig unwirklich, fast wie im Traum, vor. Wie lange schon war es mein innigster Wunsch gewesen, hier an diesen Küsten einmal zu landen und meinen Fuß auf isländischen Boden zu setzen!

In den Ostfjorden, den 28. Juni 1996

Übernachtung mit dem Zelt am Ufer des Meeres. Tiefer, zwölfstündiger Schlaf. Die Träume wie stetig wechselnde Vexierbilder. Unter anderem las ich im Schlaf einen Traktat, der vom nachlassenden Genie im Alter handelte. Als typisches

Alterswerk wurde Goethes Faust genannt. Allerdings, so lautete dieser Traktat weiter, erfordere die im Alter nur noch tröpfchenweise fließende Genialität, einige Geduld vom Leser. So müsse der Faust mit einer kühlen Ruhe gelesen werden und nicht mit der fiebernden Leidenschaft der Jugend, wie etwa der Werther.

*

Die Straßen hier in Island verlangen vollste Konzentration. Einmal kam ich unversehens zu weit in die Mitte der Straße, wo der Belag aus losen Schotter besteht. Die Folge war, dass mein Vorderrad arg ins Schlingern geriet, so dass ich mit dem Lenker gerade noch korrigieren konnte, um einen Sturz zu vermeiden. Die Straßen hier verlangen viel von Fahrer und Material. Ich sah das schon, als ich in Island mit der Fähre ankam. Ich traf da ein paar Motorradfahrer, die nach abenteuerlicher Tour durch Island die Heimreise antraten. Ihre Maschinen sahen wirklich sehr mitgenommen und lädiert aus, während im Vergleich die meine blitzte und blinkte, als käme sie neu aus dem Laden.

Abb. 1: Die ersten Kilometer auf isländischen Straßen

Auf dem Vatnajökull, den 29. Juni 1996

Langsam begreife ich, dass ich in Island bin. Langsam beginnt das Land reale Gestalt anzunehmen. Ich fühle die Nässe des Regens auf der Haut, ich spüre den Wind, der von der See her bläst, höre den Schrei der Küstenseeschwalben und rieche den Geruch des Meeres. Nun erst bin ich wirklich ganz, mit Körper und Seele, hier angekommen. All die letzten Tage empfand ich, als würde ich im Traum, anstatt in der Realität, durch dieses wilde, surreale Land reisen. Freilich, die isländische Landschaft, dieses Reich der Feen und Trolle, der Vulkane und Gletscher, weit entfernt von jeglichem Mittelmaß, von jeder Alltagserfahrung, erweckt leicht ein instinktives Misstrauen, eine Empfindung von Traum und Täuschung. Da wachsen vielfarbig oxidierte Vulkankegel aus nacktem Gestein empor, da speien Solfatare schwefligen Dampf und Geysire heiße Wasserfontänen in die Luft. Bilder von Hölle und Inferno, von einem angstvoll zitternden Unbewussten des Menschen, vor Äonen geboren, klingen an, scheinen Wirklichkeit geworden zu sein. Wie surrealistische Konstruktionen einer überhitzten Phantasie tauchen plötzlich bunte Liparitberge im Blickfeld des Reisenden auf, beflügeln bizarre Felsgebilde die Phantasie. Wie in einem verzerrenden Jahrmarkts-spiegel finden sich die wunderlichsten Formen und Urtypen des Unterbewussten in dieser eigentümlichen Landschaft gespiegelt. Und wie sollte da nicht, wo das Unbewusste, die Quelle der Träume, auf so Verwandtes und Entsprechendes stößt, ein Eindruck wie von Traum und traumhafter Täuschung entstehen. Und auch heute wieder empfand ich dieses instinktive Gefühl der Irrealität von Neuem, als ich in der Ferne zum ersten Male die ätherische Schildkappe des Vatnajökull, des größten Gletschers Islands und Europas, erblickte. Flach und geduckt lag der Gletscher, wie eine schlafende Urgestalt, auf dem Land. In einem atmosphärischen Blau ragten einzelne Bergkuppen aus dem Eis, wirkten winzig und unscheinbar vor den ungeheuren Eismassen. Dort hinauf wollte ich! Wollte meinen Fuß auf das Eis setzen und die Kälte und Unwirklichkeit dieser Urnatur am eigenen Leibe spüren. Der Fläajökull ist eine der zahlreichen Gletscherzungen, die der Vatnajökull der Südküste und dem Meer entgegenstreckt. An dessen Fuße zweigte eine Piste von der großen Ringstraße ab, die hinauf an den Rand des Gletschers führt. Auf diese Piste lenkte ich mein Motorrad.

Steil führte die Schotterpiste empor. Auf nur zwölf Kilometer Luftlinie stieg sie von Meereshöhe auf etwa achthundert Meter über Normalnull an. Bald befand ich mich in einer urwüchsigen Berglandschaft. Ich durchfuhr eisige Gebirgsbäche und schroffe Felsschluchten, fuhr vorsichtig an steilen Felswänden entlang und tastete mich über grobes, loses Geröll. Das Motorrad, mit seiner schweren Last an Gepäck, war nur schwer unter Kontrolle zu halten. Als es Abend wurde und ich den Gletscherrand noch immer nicht erreicht hatte, beschloss ich umzukehren und an einem kleinen Gletschersee, an dem ich vorbei gekommen war, zu übernachten. Dort stellte ich mein Zelt auf und überlegte, während ich mein Abendessen zubereitete, das weitere Vorgehen. Das Fahren auf den steilen Gebirgswegen war eine Tortur gewesen. Zu instabil war das schwer beladene Motorrad. Ich hatte oft alle Mühe, die Balance zu halten. Ein Entschluss war schnell gefasst. Morgen würde ich alles Gepäck hier im Zelt zurücklassen und mit dem unbeladenen Motorrad, das letzte Stück hinauf zum Gletscher, zurücklegen. Ich wusste zwar nicht, wie weit es noch sei, aber sicher hatte ich mehr als die Hälfte der Strecke bereits hinter mir.

*

Nach dem Abendessen machte ich einen Spaziergang um den kleinen See herum, an dem ich lagerte, und erkundete die Umgebung, der ich mich anvertraut hatte. Weite Geröllflächen breiteten sich ringsumher aus, die wohl aus tausenden, abertausenden, vielleicht sogar aus Millionen von rund geschliffenen Kieselsteinen bestanden. Auf dem kleinen Hochplateau, auf dem ich mich befand und das von unzähligen kleinen Bachläufen durchflossen war, wuchsen nur vereinzelte arktische Tundragräser, Moose und Flechten. Die dunklen Felswände hingegen, die den kleinen See im Hintergrund überragten, waren bar jeglicher Vegetation, wirkten dunkel und bedrohlich. Beim Anblick dieser wüsten, chaotischen Naturlandschaft stieg in mir eine dunkle Empfindung empor, die mir nur langsam bewusst und deutlich wurde.

Man merkt diesem Land seine Dynamik und seine Unruhe an. Nicht unendlich langsame tektonische Verschiebungen und unmerklich von statten gehende Verwitterungen, prägen das Antlitz dieser Landschaft, sondern blitzartig und über Nacht hereinbrechende Katastrophen und die Urgewalt des aufgewühlten Gletschereises, das auf der Landschaft lastet. Sintflutartige Gletscherläufe, die durch vulkanische Tätigkeit unter dem Eis verursacht werden, reißen, mit ihren chaotischen Wassermassen, alles mit sich, was ihnen in den Weg tritt. Unermüdlich lädt der Gletscher seine Geröll- und Sedimentfracht an seinen Randgebieten ab. Regelmäßige Vulkanausbrüche speien ihre Asche darüber und die atlantischen Stürme, mit ihren sintflutartigen Regengüssen, schwemmen die Ablagerungen schließlich wieder ins Meer.

Jung ist dieses Land. Und man merkt es ihm an. Alles was dich in diesem Land umgibt, Gletscher, Sanderflächen, Vulkane, Wasserfälle und reißende Gebirgsflüsse, alles zeugt von schöpferischer Dynamik, von Wandel, vom Werden und Vergehen in der Schöpfung. Diese Landschaft ist ein Gleichnis. Sterne, funkelnde Diamanten, das starre Gold und die Bergriesen dieser Erde sprechen eine andere Sprache zu uns. Zwar sind auch sie, wie alles, dem Wandel und der Vergänglichkeit unterworfen, diese todes-starren Titanen der Zeit; Zeiträume, die für uns, deren Leben so schnell verweht, Ewigkeiten gleichen. Sie scheinen einer anderen Hierarchie, einer anderen Wirklichkeit anzugehören. Einem Reich, das für uns Sterbliche auf Ewig verschlossen bleibt. Dieses dynamische, sich stetig verändernde Land hingegen scheint uns verwandt. Und vielleicht ist dies eines der Geheimnisse warum Island und diese Reise so wichtig für mich sind. Warum dieses Land so ganz mein Denken und meine Empfindung beherrscht.

Skaftafell, den 30. Juni 1996

Heute bereiteten mir die steilen Schotterwege keine Probleme mehr. Die Maschine reagierte auf jeden kleinsten Dreh mit der Gashand, auf jede Verlagerung des Gewichts, äußerst grazil. Mein Motorrad war von einem Packesel wieder zu einem schlanken

16

Rennpferd geworden. Nur der Nebel war wieder so dicht, dass ich kaum drei Schritte weit sehen konnte. Irgendwann merkte ich dann, dass ich oben auf dem Gletscher-plateau sein musste. Sehen konnte ich den Vatnajökull nicht, aber der eisige Lufthauch, der mir nun ins Gesicht blies, zeigte mir seine Nähe an. Die Berghütte, die direkt am Rand des Gletschers errichtet war, und von der aus die Motorschlittenexkursionen organisiert werden, sah ich erst, als ich unmittelbar davor stand. Ich hatte noch einige Stunden Zeit, bis es losgehen sollte. Ich war früh dran und außerdem zögerten die beiden isländischen Führer den Start der Gletscherexkursion wohl auch ein wenig hinaus, weil sie hofften, der Nebel würde etwas aufreißen.

Ich vertrieb mir die Zeit mit dem Studium von Postkarten und ließ mir von den hübschen Isländerinnen, die während des Sommers in dieser Hütte arbeiten und an die Touristen Ansichtskarten vom Gletscher, Getränke und sogar Speiseeis verkaufen, Kaffee servieren und schaute aus dem Fenster der Hütte auf chaotisch übereinander getürmte Eisblöcke, die der Gletscher bis dicht an die Hütte heran geschoben hatte.

Endlich, so gegen Mittag, ging es los. Der Nebel war noch genauso dicht wie am frühen Morgen. In einer lang gezogenen Karawane von etwa einem halben Dutzend Motorschlitten preschten wir über das Eis. Ich bildete mit einem Führer den Schluss der Karawane und konnte die Spitze derselben im dichten Nebel schon nicht mehr erkennen. Der giftige Zweitaktmotor des Schlittens reagierte nervös auf jede kleinste Drehung am Gasgriff. Das angetaute, matschige Eis stob von den Kufen und der Antriebskette hoch in die Luft. Vereinzelt tauchten Felsenschatten aus dem dichten Nebel auf. Einmal hielten wir an einem steilen Eisabbruch, den ich, wäre ich allein gewesen, sicher nicht gesehen hätte. Dort hielten wir Rast, während einer unserer Führer einen kurzen Vortrag über den Vatnajökull hielt. Wir erfuhren zum Beispiel, dass dieser Gletscher mit 8400 Quadratkilometern mehr als doppelt so groß ist, wie alle Alpengletscher zusammen genommen, dass bereits zur Zeit des Wikingerfreistaats eine Route über das Eis führte, die häufig begangen wurde, und dass unter dem Schild des Gletschers zahlreiche Vulkane schlummern, die von Zeit zu Zeit ausbrechen und das Eis abschmelzen lassen. Als Folge hiervon stürzen gewaltige Wassermassen vom Gletscherplateau herab, dem Meer zu, und reißen alles mit sich, was sich ihnen in den Weg stellt. Der Führer erzählte uns auch, dass man den Gletscher anbohrt, um Eis aus den unteren, uralten Schichten zu gewinnen. Dieses Eis wird dann tiefgefroren nach New York verschickt, wo es in teuren Bars und Restaurants zerkleinert in den Whiskey -gläsern der Gäste

18

landet. Wenn das Eis im Whiskey schmilzt, erklärte der Führer,
dann entweicht die jahrtausendealte Luft, die unter hohem Druck
im Eis eingeschlossen worden war, unter Zischen und Knistern.

*

Als wir schließlich von unserer Motorschlittenexkursion zu der
Hütte zurückkehrten, begann der Nebel, der uns bislang ohne
Unterlass eingehüllt hatte, aufzureißen. Und als ich schließlich mit
meinem Motorrad denselben Weg hinabfuhr, auf dem ich am
Morgen herauf gekommen war, hingen nur noch vereinzelte, weiße
Nebelfetzen über der Landschaft. Island, diese stolze, kühle
Schönheit, hatte für einen kurzen Augenblick ihren Schleier
gelüftet. Tief unter mir, dort wo mein Zelt stand, entdeckte ich ein
weites Hochplateau, durchfurcht von zahllosen Gletscherbächen
und bewachsen mit kurzen, arktischen Tundragras. Das Grün
wirkte von hier oben, wo es nichts als schwarzes Vulkangeröll und
kompaktes Eis gab, beinahe paradiesisch. Eine seltsame
Empfindung überkam mich. Für Augenblicke war es mir, als würde
die Zeit mit einem Male transparent, durchsichtig, wie ein reiner
Bergkristall. Es schien, als würde ich durch ein Zeitloch tausende
von Jahren in die Vergangenheit blicken. Nicht in Räume blickte
ich hinab, sondern in die Abgründe der Zeit. Unter mir lag keine

Hochebene mit Gebirgsbächen und arktischem Tundragras, sondern die Eiszeit. Wie ein Adler über dem Land, kreiste ich über der Zeit und spähte in die Jahrtausende hinab. Mammuts, Höhlenbären und fellbekleidete Urzeitmenschen waren nicht weit. Eiszeitkünstler malten Bisons, Antilopen und magische Rituale an Höhlenwände. Und das Alles erschien mir für kurze Augenblicke nicht wie ein Konstrukt meiner Phantasie, sondern wie eine ferne, nebelhafte Erinnerung an selbst Durchlebtes, selbst Gesehenes.

*

In solch kurzen, seltenen Augenblicken, in denen sich die sonst undurchdringlichen Strukturen der Zeit aufzulösen scheinen, um einer ätherischen Transparenz zu weichen, ist es so, als befände man sich im ruhigen Auge des Orkans. Von wilden, alles mit sich reißenden Zeitwirbeln umtost. Selbst jedoch für Augenblicke dem Sturm, dem alles verschlingenden Strudel der Zeit, entronnen.

*

Außer auf dem Vatnajökull in Island habe ich solche Augenblicke unmittelbarer historischer Einfühlung bislang höchstens zwei, oder drei Mal in meinem Leben erfahren. Wenigstens von einem solchen

Augenblick muss ich noch erzählen, weil er in den Gefühlen, die er auslöste, dem ruhigen, anschauenden Glück, beim Anblick der Eiszeitlandschaft in Island, Antipode und doch zugleich so etwas wie Ergänzung war. Es war an einem heißen Junitag in Rom gewesen. Unbarmherzig brannte die Sonne auf die Häuser der Stadt herab. Ich besuchte das Kolosseum; dieses seltsame Denkmal, das zugleich Größe und Grausamkeit des Imperium Romanums symbolisierte wie kein Zweites. Glutversengt ragten die nackten Ruinen in den stahlblauen Himmel Roms. Wie Blei lastete die hitzeschwere Luft auf den Gewölben der Katakomben, den unterirdischen Raubtierzwingern und den ehemaligen Verliesen. Eine dünne Staubschicht bedeckte die uralten Mauern. Mit einem Male spürte ich die Grausamkeit dieses Ortes, wie eine fremde Macht, die durch mich hindurch floss und von mir Besitz zu ergreifen schien. Es waren hier Ströme von Blut und Tränen geflossen. Für unzählige Menschen waren die Mauern des Kolosseums das Letzte, was sie in ihrem Leben sahen. Trotz der Hitze lief mir ein kalter Schauder über den Rücken. Meine Fingerspitzen kribbelten, als wären sie von atmosphärischer Elektrizität durchflossen. Für einen Augenblick des Grauens, fühlte ich mich über die Zeiten hinweg in den Strudel des Schreckens und der Angst gezogen, die diese Arena einst erfüllt hatten.

Und dieses Erlebnis im Kolosseum zu Rom, kam mir beim Ausblick vom Rand des Vatnajökulls wieder in den Sinn und schob sich über die Gegenwart, wie eine durchsichtige Schablone, das Hier und Jetzt zwar überlagernd, doch nicht verdeckend. Und so geschieht es häufig bei mir, dass sich zu einem harmlosen oder glücklichen Gedanken, zu einer freundlichen Erinnerung, auch deren Gegenteil und Antipode gesellt, um diese gewissermaßen zu kompensieren und und in den Mischungen der Empfindungen und Gefühle etwas durchaus Neues entstehen zu lassen. So etwa wie man Kupfer und Zinn mischt und dabei etwas völlig anderes, nämlich Bronze, erhält.

*

Während der Fahrt auf der Ringstraße, lasse ich mir einige isländische Wörter, die ich unterwegs aufgeschnappt habe, durch den Kopf gehen. „Karlar" steht beispielsweise auf den Türen der Toilettenhäuschen geschrieben, die ab und an am Wegesrand aufgestellt sind. Ich übersetze den Ausdruck für mich in „für Kerle". So wird die fremde Sprache schon ein bisschen vertrauter. Ich verstehe auch manches, was auf den Verkehrsschildern am Rande der Straße geschrieben steht. „Einbreiðbrú", heißt es da etwa. Die drei Wörter, aus denen der Begriff zusammengesetzt ist,

22

muten nicht gerade fremdartig an. Man versteht leicht „ein" als „ein", „breið" als „breit" und „brú" als Brücke. Und spätestens wenn man einmal über eine solche „einbreiðbrú" gefahren ist, weiß man, dass es sich dabei um eine Brücke handelt, die eben nur eine Fahrbahn breit ist. Kommen zwei Fahrzeuge zu gleicher Zeit, von verschiedenen Richtungen, an diese Brücke, so muss irgendeiner der beiden Entgegenkommenden, den anderen passieren lassen. Wer Vorfahrt hat scheint nicht geregelt zu sein. Meistens hält derjenige, der glaubt, dass der andere ein schnelleres Fahrzeug besitzt. Weil ich ein Motorrad fahre, lassen mich viele deshalb zuerst passieren. Ich bedanke mich jedes Mal mit einem Handzeichen. Meistens winkt der andere freundlich zurück.

Etwas länger rätsele ich an der Bedeutung eines Schildes mit der Aufschrift „blindheað" herum. Das Wort „Blind" gibt es ja auch im Deutschen. Und wahrscheinlich hat es in beiden Sprachen, die ja einer gemeinsamen Wurzel entstammen, auch eine ähnliche Bedeutung. Beim isländischen Wort „heað" hilft mir das englische Wort „head" weiter, welches ja bekanntlich „Kopf" bedeutet. Nun ist „blindheað" freilich kein isländisches Schimpfwort, wie man im ersten Moment vielleicht glauben möchte. Etwa: „Du Blindkopf, du dummer!" Nein, es findet ja als Warnung im Straßenverkehr Verwendung. Dort bezeichnet es den blinden, also unübersichtlichen Kopf- oder Scheitelpunkt der Fahrbahn. „Unübersichtliche Straßenkuppe" würden wir wohl im Deutschen sagen.

Auf solche Weise versuche ich mir die isländischen Wörter zu übersetzen, was mir Vergnügen bereitet, so wie man etwa beim Lösen eines Kreuzworträtsels Vergnügen empfinden mag.

*

Die Sprache kann eine unüberwindliche, trennende Mauer zwischen den Menschen fremder Zunge sein. Sie vermittelt aber auch die stärkste Bindung an die Heimat. Was sonst, außer der Sprache, hätte diese Macht, Kulturgemeinschaften zu formen und aneinander zu binden?

Wenn ich nun in Ländern unterwegs bin, deren Sprache der eigenen Sprache, dem Deutschen, eng verwandt ist, so fühle ich mich dort meist doch nicht völlig fremd. Es ist in etwa so, als würde man gewissermaßen in der eigenen Familie bleiben, so als würde man entfernte Verwandte besuchen. Wenn einem die Sprache im Ganzen doch fremd und unverständlich bleibt, so empfindet man doch einzelnes als vertraut.

*

Als angenehm und irgendwie sympathisch empfinde ich auch die Aussprache des Isländischen. Da werden die, stets auf der ersten Silbe betonten Wörter, beim Sprechen gedehnt und gestreckt. Die Vokale, bei denen der Deutsche sich kaum Zeit zum Aussprechen lässt, werden besonders hervorgehoben. Da treten in den Wörtern, zwischen den Silben, deutliche Zäsuren auf, die man, wie kleine Barrieren, beim Sprechen erst überwinden muss. Und zu alledem ist das Isländische auch noch mit einer Unzahl von Diphtongen angereichert, die wie kleine Hindernisse, die Fließ-geschwindigkeit der Sprache zusätzlich herabsetzen. So gewinnt die Sprache eine sympathische Verlangsamung. Man wird schon beim Sprechen in ein gemächlicheres, dem Nachdenken zuträgliches, Tempo gezwungen. Man merkt es dieser Sprache an, dass sie an langen, dunklen Winterabenden, auf den einsamen, weit verstreuten Höfen gesprochen wurde.

*

Spaß macht mir auch die Anwendung des Personalpronomens in der 3. Person Plural. Es heißt der Isländer spricht sein Gegenüber eigentlich nur dann mit „Sie" an, wenn er ihn ganz und gar nicht leiden und ihn auf Abstand halten will. Selbst die Präsidenten werden mit dem vertraulichen „Du" angeredet. So geziemt es sich für ein Volk, das schon im Jahre 930 n. Chr. ein eigens Parlament, das Alþing, besaß.

*

Mit solchen und ähnlichen Denkspielen und Überlegungen vertrieb ich mir die Zeit, während ich über die weiten Sanderflächen im Süden des Vatnajökull dahinfuhr.

Reykjavík, den 2. Juli 1996

Ich war heute in der isländischen Nationalgalerie, wo etwa fünfundzwanzig Bilder von Egon Schiele hängen. Er ist einfach großartig. Besonders seine Bleistiftzeichnungen gefallen mir sehr. Unglaublich wie man mit so sparsamen Mitteln, mit ein paar hingeworfenen Linien, so viel auszudrücken vermag.

Haukadalur, den 3. Juli 1996

Am Morgen fuhr ich von Reykjavík nach þingvellir, der alten Versammlungsstätte des isländischen Volkes. Während der Zeit des Freistaates wurde hier Recht gesprochen und Politik gemacht. So etwa wurde im Jahre 1000 n. Chr. beschlossen, dass fortan in Island die alten Götter nicht mehr verehrt werden sollten, sondern nur noch der Gott des Christentums. Das elfte Jahrhundert - in ganz Europa eine Zeit, in der Altes darnieder sank und das Hochmittelalter Gestalt anzunehmen begann. Die Zeit der Wikinger-fahrten, der frei umherschweifenden Räuberbanden, neigte sich ihrem Ende zu. Die feste Form des Feudalwesens begann die sozialen Verhältnisse zu bestimmen. Die Zentralgewalt der katholischen Kirche erstarkte. Die Nationen Europas begannen sich, nach der Eruption der Völkerwanderung, auszuformen, so als würden Lavaströme nach einem Vulkanausbruch erkalten und zu festen Gebilden werden. Diese Entwicklung fand ihren Widerhall auch in Island. Bald würden über die Insel die Könige Norwegens herrschen. Der Zeitgeist ist fürwahr mächtig und wirkt noch bis in die entlegensten Winkel eines Kulturraumes hinein.

*

Abb. 2: Fahrt in das Landesinnere

Am Nachmittag Fahrt über eine staubige Piste, die parallel zum Langjökull, dem lang gestreckten Gletscher im Südwesten des Landes, verlief. Tiefe Verwehungen aus ganz feinem, schwarzen Vulkansand behinderten oftmals das Vorwärtskommen. Es war eine Kunst eine solche Stelle rechtzeitig zu erkennen. Denn würde man mit voller Fahrt in ein solches Weichsandgebiet geraten, wäre ein Sturz wohl kaum mehr zu vermeiden. Auch körperlich ist das Fahren auf solchen Pisten reichlich anstrengend. Der Schweiß lief mir in Strömen herab, obwohl es kühl und bewölkt war. Auch machte sich die Anstrengung bald in den Beinen bemerkbar. Doch schließlich hatte ich vor der Reise Kraft und Ausdauer trainiert. Bei meiner ersten richtigen Flussdurchfahrt in Island holte ich mir gleich nasse Füße. Immer tiefer wurde das Wasser, bis es mir schließlich bis zu den Knien reichte und am Schaft in die, ansonsten fabelhaft wasserdichten, Militärstiefel hineinlief. Am Gullfoss endete schließlich die Piste. Für die etwa fünfzig Kilometer hatte ich gute vier Stunden gebraucht. Hier stürzen sich gewaltige Wassermassen über eine Doppelstufe in eine enge, schwarze Lavaschlucht hinab. Schon von Weitem kann man das hoch aufgewirbelte Wasser erkennen, das als feiner Dunst über dem Wasserfall schwebt.

*

Am Abend stellte ich mein Zelt in der Nähe der großen Geysire auf. Überall um mich stieg Dampf aus der Erde empor und hinter niedrigen Bäumen schleuderte der Strokkur in mehr oder weniger regelmäßigen Abständen seine Fontänen in die Luft. Wieder überkam mich dieses zwingende Gefühl in ein Traum- in ein Wunderland geraten zu sein, in dem eine andere als die gewöhnliche Realität herrscht.

An der Hekla, den 4. Juli 1996

Heute ging die Fahrt über schwarze Lavafelder. Wie kahl, wie abweisend, wie trostlos zeigt sich doch das Antlitz der Erde in den Wüsten. Nur vereinzelt wachsen kleine, tapfere Blümchen in windgeschützten Spalten. Im Hintergrund begleitete mich die Hekla, die unter einem weißen Tuch aus Eis und Schnee friedlich schläft. Kleine, rot-graue Krater scharten sich um den Vulkan, wie Junge um ihre Mutter. Einen seltsamen, wunderbaren, aufregenden Planeten bewohnen wir. Dort drängen sich unzählige Fische um die Korallenriffe der tropischen Meere, einige Breitengrade weiter nördlich bearbeiten Bauern fette, fruchtbare Erde, ernten Wein und Früchte unter wärmender Sonne und hier recken Vulkane ihre

Schlote in den Himmel, spuckt die Erde Lava und Dampf aus tiefen Schächten. Hier steht man auf narbiger, dünner Erdkruste und meint darunter das glutflüssige Herz der Erde schlagen zu hören.

In der Landmannalaugar, den 5. Juli 1996

Landmannalaugar! Das Land der Flüsse, der erodierten Vulkangebirge und der staubigen Schotterpisten. Wie viele Flüsse durchfuhr ich heute? Ich weiße es nicht mehr. Nur die reißendsten und tiefsten blieben in der Erinnerung haften. Jene, bei denen das Wasser bis knapp an den Luftfilter heranreicht; jene, bei denen der heiße Auspuff das eiskalte Gebirgswasser zum Brodeln und Dampfen bringt und bei denen die Strömung mit Gewalt an den Beinen und am Fahrzeug zerrt. Doch muss ich sagen, ich habe die Fahrt genossen. Denn wenn mir der kalte Hochlandwind ins Gesicht pfiff, wenn ich mein Motorrad durch die Furten trieb und das Wasser um mich herum brodelte und aufspritzte, wenn sich die Stollen des Geländereifens in den rauen Schotter gruben und mich vorwärts katapultierten, dann fühlte ich, wie das Leben durch mich hindurchfloss und mich ganz erfüllte. Es war das archaische Glücksgefühl des Jägers, des Raubtieres, des arktischen Wolfes, der das Wild über die endlose Tundra hetzt, das mich hier ergriffen

31

hatte. Ein Gefühl, älter als die Menschheit selbst.

Reykjavík, den 8. Juli 1996

In Vík, an der Südküste Islands, entdeckte ich einen Kapitalschaden am Radlager des Hinterrads meines Motorrads. Das Kugellager, das für einen leichten Lauf des Hinterrades sorgt, war defekt, die Kugeln des Radlagers zum Teil zerrieben oder verloren, und das Schmierfett durch die Reibungshitze verbrannt. Mit dem waidwunden Motorrad, dessen Hinterrad bei jeder Umdrehung entsetzlich krachte, quälte ich mich nach Reykjavík hinein. Die letzten beiden Tage habe ich damit verbracht eine Werkstatt zu finden, um dort mein Motorrad reparieren zu lassen. Ersteres war nicht ganz einfach, da der Sport des Motorradfahrens in Island ja nicht sehr weit verbreitet ist. Schließlich fand ich eine Werkstatt, die hauptsächlich Suzuki-Bootsmotoren reparierte und wartete. Die exakt passenden Ersatzteile hatten die isländischen Mechaniker zwar nicht parat, doch zeigten sie ein hohes Maß an Improvisationskunst. Was nicht vorhanden war, wurde zusammengeschweißt. Da ich ihnen geholfen hatte, teilten wir zum Abschluss noch Kaffee und Brotzeit. Dann konnte ich wieder durchstarten. Konnte zu weiteren, abenteuerlichen Fahrten durch

Island aufbrechen.

Mit einem Paar aus Böblingen, das ich in Reykjavík kennengelernt hatte, zum Angeln. Mit dem kleinsten Blinker, den ich hatte, fing ich eine winzige, etwa handgroße Forelle. Sie wehrte sich nur schwach, als ich sie aus dem Wasser zog. So vorsichtig wie irgend möglich löste ich den Haken aus ihrem Maul und warf sie zurück in den See, nicht ohne ihr Glück zu wünschen. Obwohl ich die Notwendigkeit Nahrung zu beschaffen, als einen der wenigen Gründe anerkenne, der es rechtfertigt, ein Tier zu töten, verspüre ich doch noch jedes Mal Mitleid mit den Fischen, die ich angle. Auch tut es mir leid um diese wunderschönen, regenbogenschillernden Wesen, denen ich den Tod gebe.

Auf schlammigen Pisten ging es hinein in die Westfjorde Islands. Hier erstreckt sich das Land, das von zahlreichen, tiefen Fjorden zerklüftet wird, bis weit in den Nordatlantik hinein, versucht mit tastenden Fühlern Grönland zu erreichen, das von hier nur noch dreihundert Kilometer entfernt liegt.

*

Am Abend des heutigen Tages erreichte ich die Ufer des þorskafjörður. Obwohl ich nach der Fahrt in Regen und Schlamm reichlich müde war, unternahm ich nach dem Abendessen doch noch einen ausgedehnten Spaziergang an den flachen Ufern des Fjordes, um die Vögel zu beobachten, die zahlreich in den sumpfigen Wiesen brüten, welche sich gleich hinter den felsigen Ufern des Meeres ausdehnen. Es finden sich hier vor allem Lemikolenarten, aber auch Entenvögel und Küstenseeschwalben (*sterna paradisea*). Letztere sind sehr aggressiv in der Verteidigung ihrer Brutgebiete, welche sich oft direkt neben den Hauptverkehrsstraßen befinden. Wenn ich mit dem Motorrad ein solches Gebiet durchfuhr, stürzten sich die besorgten Elterntiere krächzend auf mich, verfehlten mit ihren aufgerissenen Schnäbeln oft nur knapp meinen Helm und umflatterten dann noch ein gutes Stück den Scheinwerfer meines Motorrades, die Luftwirbel durchschneidend, fast wie Delphine, die am Bug der Schiffe spielen.

Obwohl sie mir also oft so übel gesonnen waren, gehören die
Küstenseeschwalben doch zu den Vogelarten Islands, denen ich am
meisten Sympathie entgegenbringe. Aus all der zahlreichen
ornithologischen Gesellschaft Islands würde ich sicherlich *Sterna
paradisea,* die Küstenseeschwalbe, zu meinem Wappenvogel
ernennen, falls ich einen solchen erwählen sollte. Vom Schnabel bis
zur Schwanzspitze kaum länger als achtunddreißig Zentimeter, legt
sie doch in ihrem Leben schier unglaubliche Strecken zurück.
Alljährlich, am Ende des arktischen Sommers, beginnt sie ihre
Wanderung, die sie jedes Jahr um die halbe Erdkugel herumführt.
Sie überfliegt die grünen Hügel Britanniens und die Weizenfelder
Spaniens und Portugals. Wenn sie den hohen Atlas überquert hat,
nimmt sie zwischen den Ausläufern der Sahara und dem Atlantik
ihren Weg nach Süden. Regenwälder, Savannen, Steppe und
Wüsten wechseln einander ab. Schließlich, fast am Ende ihrer
Reise, überquert sie noch den südlichen Atlantik, bis sie schließlich
die Antarktis erreicht. Dort verlebt sie den antarktischen Sommer.
Wenn dann auf der Nordhalbkugel der Erde wieder der Frühling
einkehrt, folgt sie ihrer alten Reiseroute in umgekehrter Richtung,
um endlich, am Ende ihrer Flugreise, auf den Inseln rings um die
Arktis, so wie etwa auf Island, zu brüten.

*

Eine Küstenseeschwalbe etwa, die am Myvatn in Island beringt wurde, fand man einundzwanzig Jahre später in Nigeria wieder. Wenn man die jährliche Flugleistung mit achtzehntausend Kilometern ansetzt, was etwa dem doppelten Abstand zwischen Arktis und Antarktis entspricht, dann hätte diese eine Küstenseeschwalbe in ihrem Leben an die vierhunderttausend Kilometer zurückgelegt, was in etwa der einfachen Entfernung bis zum Mond entspricht. Was für eine Leistung für ein solch kleines Tier!

*

Wenn ein junger Indianer in die Gemeinschaft der Krieger aufgenommen wurde, dann wählte er er sich ein Totemtier, das ein Gleichnis für die tiefste, innerste Gestalt seiner Seele sein sollte. Ich hätte mir vielleicht die Küstenseeschwalbe erwählt. Nicht aus Hochachtung vor den „sportlichen" Leistungen die sie vollbringt, sondern weil sie fast rein einen Typus der Natur verkörpert, einen Trieb, der sie erst zu diesen Höchst-leistungen antreibt und der auch in mir höchst lebendig und bestimmend ist. Es ist dieser

Wandertrieb, dieser uralte Trieb der Nomaden, den ich mit diesem kleinen, schwarz behaubten Vogel teile und der ihn mir verwandt macht und ihn mir lieb gewinnen lässt. Wie Byron fühle auch ich diese Leere in mir, die mich treibt und die ausgefüllt werden will. Carpe diem!

*

Ein Jahr vor dieser Reise, an einer anderen Küste, fuhr ich mitten in der Nacht hinab ans sturmgepeitschte Meer. Brausend brachen sich die Wogen an den grünen Küsten von Cornwall. Salziger Schaum brandete an die dunkel aufragenden Felsen, die hier wohl seit den Zeiten Merlins und König Artus den Urgewalten des Meeres trotzten. Hier, in der Burg von Titangel, deren Ruinen sich dunkel gegen den Nachthimmel abzeichneten, soll der Sage nach der große, runde Eichentisch der Tafelrunde gestanden haben. Wie eine schuppige, steinerne Riesenschlange krochen die uralten Mauern der keltischen Burg über die grasbewachsenen Hänge der traumversunkenen Küste Cornwalls.

*

Einst, vor langer, langer Zeit, machten hier in der kleinen, geschützten Bucht die Schiffe der phönizischen Händler fest, tauschten das Zinn der britischen Inseln gegen Wein und Olivenöl aus dem Mittelmeerraum. Auch gegen kostbare Stoffe, Spezereien und andere Luxusgüter, die das keltische Britannien hoch schätzte. Und all diese alten Zeiten, die Sagen und Mythen, durchwebten diese Nacht wie feinste Goldfäden auf dunklem Grund. Luden diese nächtlichen Stunden am Meer mit Erinnerungen, die bereits vor tausend Jahren in Vergessenheit geraten waren – Schatten und Geister der Geschichte.

*

Ich lauschte auf den Wind, der hoch oben über die Anhöhen fegte und das kurze Gras zerzauste. Hier unten am Meeresstrand war es hingegen fast ganz windstill. In den Felsklüften ringsumher erscholl der Schrei der Möwen, die mit zerzausten Gefieder in ihren Nestern hockten und ihre Jungen bewachten. Von den moosbewachsenen Ufern hinter mir rieselte ein kleiner Wasserfall herab. Sein Wasser zerstob silbrig auf dem schwarzen Fels und verlor sich schließlich in den weiten, dunklen Wassern des Meeres.

*

In jener Nacht feierte ich Auferstehung. Noch ein paar Wochen bevor ich zu dieser kleinen Reise nach Cornwall aufbrach, lag ich schwer krank im Bett und war so schwach geworden, dass mir alles gleichgültig war. Selbst der Gedanke an das Sterben hatte seine Schrecken verloren. Jedes Geräusch, jeder Geruch, selbst helles Licht, war mir zu Marter und Qual geworden. Die Zeit tropfte herab wie dunkler, zähflüssiger Honig. In dem halb abgedunkelten Raum, unter der Bettdecke, lag ich da wie eingepfercht in den dunklen Grabkammern der Pyramiden. Ich sehnte mich nur noch nach Ruhe – und sei es die Ruhe des Grabes. Die Existenz war zur Belastung geworden. Viel Altes, Überlebtes, sank in diesen Tagen unter. Neue Seinszustände kündigten sich an. Agonie und Geburt waren kaum voneinander zu unterscheiden. Und nun saß ich hier, an der Küste Cornwalls und blickte auf das dunkle, sturmgepeitschte Meer hinaus. Sehnsucht stieg in mir empor. Dort, hinter dem dunklen Nachthorizont des Meeres lagen die Küsten Amerikas, dort stiegen die schneebedeckten Gipfel der Anden in den klaren, stahlblauen Himmel, wo der Condor seine Kreise zieht. Dort erstreckten sich die Prärien des Westens. Dort erzählten Indianer noch immer die uralten Geschichten vom großen Geist, vom heiligen Büffel, von Mutter Erde und der goldenen Sonne. Oben in Alaska holten zottelige Grizzlybären Lachse aus den reißenden, klaren Flüssen, jagten Inuit Nanuk, den mächtigen

Eisbären. Und dahinter erstreckte sich noch eine ganze Welt! Die Steppen der Mongolei, die Tundren Sibiriens, die goldenen Türme Russlands – Indien, Afrika...

*

All das wollte, all das musste ich noch sehen in meinem Leben. In der Sehnsucht nach all diesen Ländern feierte ich Auferstehung. Ich ließ das dunkle Gräberfeld, das ich vor kurzem während meiner Krankheit durchschritten hatte, hinter mir. Neue Kraft durchströmte mich. Allein der Gedanke an die Ferne hinter dem Horizont lud mich mit neuer, ungeheurer Energie. Diese Sehnsucht nach Unterwegssein, nach Wanderung und Abenteuer, ist Teil meines Ichs. Das erkannte ich in diesen Augenblicken am Meer. Er konnte nicht unterdrückt werden, ohne dass ich selbst Schaden nehmen würde. Mag es auch Menschen geben, die ihre innerste Stimme über Jahre, ja über ihr ganzes Leben hinweg, ignorieren – ich vermochte das nicht. Und so tat ich in jener Sturmnacht am Meer den einsamen Schwur, meinen Schicksalsgestirnen zu folgen, wohin sie mich auch führen mögen.

*

Und gerade das ist es, was auch dieser kleine Vogel tut. Die Küstenseeschwalbe – *Sterna paradisea*. Seinen innersten Trieben nach Wanderung und Unterwegssein zu folgen. Und deshalb ist sie mir zum Symbol, zum Wappentier geworden. Und auch heute wieder, während meines abendlichen Spaziergangs am Þorskafjörður schwebte mein Liebling über mir am Blau des Himmels. Unbeweglich stand sie in den leichten Luftströmungen, die vom Meer herüberwehten und blickte aus etwa sechs Metern Höhe auf mich herab, diesmal jedoch ohne auf mich herabzustoßen. Scheinbar war ich ihrem Gelege noch nicht zu nahe gekommen. Der potenzielle Feind wurde zunächst nur ausgespäht und sicherheitshalber im Auge behalten. Gewiss vier, fünf Minuten schwebte sie so über mir. Kaum ein Flügelschlag war dafür notwendig. So lange ich mich nicht vorwärts bewegte, blieb auch sie über mir unbeweglich stehen. So hatte ich reichlich Gelegenheit sie zu betrachten. Wenn der Vogel am Boden sitzt, glaubt man kaum, dass er solche Distanzen zu überwinden vermag. Doch im Fluge entfaltet sich sichtbar die Gestalt des Tieres, die das Potenzial, das in dem Vogel schlummert, zum Ausdruck bringt. Was für eine Schönheit, allein in der Formung der Schwingen. Mehr als eineinhalb Mal so lang wie der Rumpf, ermöglichen sie der Küstenseeschwalbe jeden leisesten Lufthauch, jede Thermik, segelnd zu nutzen und so, weite Strecken ohne Mühe zurückzulegen.

*

Solange die kleine Küstenseeschwalbe über mir stand, konnte ich den Blick nicht von ihr wenden. Helle Lichtreflexe spielten um die gestreckten, schneeweißen Schwingen, während das Schwarz der Flügelspitzen die aerodynamische Form und die Perfektion der Erscheinung noch unterstrich. Ein Urprinzip der Natur, das in der Welt der Erscheinungen als Wandertrieb, als der Drang zum Unterwegssein, sich darstellt, scheint hier von diesem kleinen Vogel völlig Besitz ergriffen und ihn bis in die kleinsten Moleküle geformt zu haben. Die Evolution, das Zusammenspiel von Selektion und Mutation, ist das Vehikel, der Mechanismus, durch den dieses Urprinzip, diese Idee im platonischen Sinne, Gestalt gewinnt und sich in der Materie ausformt. Wie fein eingewebte Goldfäden, die kaum je an die Oberfläche treten, durchziehen solche Urprinzipien die Materie und alles Lebendige. Formende und Gestalt gebende Urmatritzen, um die sich die Materie formiert.

In den Westfjorden, den 11. Juli 1996

Während ich heute tiefer in die Westfjorde hineinfuhr, begleitete mich herrliches Sommerwetter. Gegen Mittag hielt ich auf einer Wiese hoch über den Fjorden Rast und nahm in der subarktischen Hochsommersonne ein regelrechtes Sonnenbad. Im hüfthohen Gras liegend, sah ich auf den Fjord hinab und auf das Meer hinaus, das in einem beinahe mediterranen Blau herauf leuchtete. Sanft wurden die Gräser und Blumen der saftigen Wiese von der leisen Brise, die vom Meer herauf wehte, gewiegt. Halb schon schlafend lag ich da und spürte, wie die Wärme der Sonne langsam unter die Haut drang und mich bis in die kleinsten Atome erwärmte.

*

Die Westfjorde. Sie sind nicht nur Vogelparadies, bieten mehr als grandiose Natur. Einmal, da waren sie der Ausgangspunkt für eines der erstaunlichsten Abenteuer in der Geschichte der Menschheit. Draußen, vor der Küste auf dem Meer, liegen tausende von kleinen Inseln verstreut. Von einer, Klakkseyjar mit Namen, startete Erik der Rote, wohl im Frühsommer des Jahres 982 n. Chr., zu einer Entdeckungsfahrt in ein unbekanntes Land, das damals in den Erzählungen der Wikinger unter den Namen Gunnbjörnsschäre kursierte. Dieser Gunnbjörn war ein paar Jahre früher in einem Sturm von Island abgetrieben worden und hatte im Westen Land

43

gesichtet, von dem noch nie einer der Nordmänner etwas gehört hatte. Wie billig hatte er es nach sich selbst, Gunnbjorns-Schäre, oder aber in nordischer Sprache Gunnbjarnasker, genannt. Nun wollte Erik der Rote, der in Island wegen verschiedener Händel geächtet und des Landes verwiesen worden war, dieses Land des Gunnbjorn wiederfinden. Also segelte er gen Nordwesten und gelangte ohne größere Schwierigkeiten an die Küste des Neulandes. Drei Winter verbrachte er in dem fremden Land, dann kehrte er nach Island zurück, im Gepäck einen neuen Namen für das wiedergefundene Land des Gunnbjörn. Grönland (Grünland) sollte dieses Nordland voller Gletscher und Eis fortan heißen. „Denn es würden mehr Männer dorthin ziehen, wenn das Land einen so schönen Namen trüge", meinte Erik. Womit er sich als gewiefter Fuchs, als geschickter Propagandist, erwies. Schon im nächsten Sommer starteten fünfundzwanzig Schiffe, voll beladen mit Hausrat und Vieh. Man hatte vor, das grüne Land im Nordwesten für immer zu besiedeln. Zunächst gediehen die neu gegründeten Siedlungen auf der Insel des Eises auch recht gut. Für mehr als fünfhundert Jahren waren die Ortschaften auf Grönland die vorgeschobensten Dauersiedlungen der Nordmänner. Nach der Christianisierung bekam Grönland sogar einen eigenen Bischofssitz. Aber das raue, arktische Klima setzte den Siedlern bald schwer zu. Auch der Handelsverkehr mit dem Mutterland

Norwegen wurde immer spärlicher. Ende des fünfzehnten Jahrhunderts fand dann eine deutsche Handelsexpedition auf Grönland die Leiche eines lächerlichen Zwerges von nicht einmal eineinhalb Metern Größe. Der Tote lag auf dem Gesicht und hielt mit der rechten Hand eine eiserne Harpune umklammert. Er war der letzte, verkümmerte Nachfahre der normannischen Siedler auf Grönland, Menschen, die einst, allein schon durch ihre Größe, bei allen Völkern, mit denen sie in Kontakt gekommen waren, Eindruck und sogar Angst erweckt hatten.

*

Sieht man solch eine Schicksalsfigur der Menschheitsgeschichte abgeschlossen vor sich, so wird man unweigerlich an das Gleichnis vom Sämann erinnert. Denn auch Völker, Rassen und Arten verstreuen ihren genetischen Code über alle erdenklichen Winkel der Biosphäre hinweg, so wie der Sämann in der Bibel das Getreide über die Scholle des Ackers sät. Hier aber war die Saat auf kargen, felsigen Boden gefallen. Winterstürme, Hunger und Seuchen rafften die Siedler dahin. So zähe, ausdauernd und abgehärtet die Nordmänner waren, das hier war nicht ihr Land. Ihre, über die Jahrhunderte erworbenen Kenntnisse im Ackerbau und in der Viehzucht, halfen ihnen auf die Dauer nicht zu überleben. Sie

45

hätten sich verändern, anpassen müssen. Vielleicht hätten sie von den Eskimos, die sie verächtlich Skrälinger (Schwächlinge oder Schreihälse) nannten, lernen sollen, anstatt sie abzuschlachten. Doch ihre Identität wollten sie nicht preisgeben. So wählten sie, freilich unwissentlich, den Untergang. Heute zeugen nur noch ein paar grasüberwachsene Mauern und die Grönlandsagas, die auf Island aufgezeichnet wurden, von der einstigen Besiedlung Grönlands durch die Nordmänner.

*

Die Saat war aufgegangen, hatte kurze Zeit geblüht und war dann, auf kargem Boden, von arktischen Stürmen geknickt worden. Das Universum betreibt einen gewaltigen Aufwand um das ewige Rad des Werdens und Vergehens in Gang zu halten. In gewissen Vollmondnächten kann man in den warmen Ozeanen der Welt ein bacchantisches Schauspiel erleben. Ungezählte Korallenstöcke geben gleichzeitig Myriaden von Samen und Eizellen an die monddurchglänzten Fluten des Ozeans ab. Nur ein verschwindend kleiner Bruchteil davon hat die Chance, selbst wieder zu einer Koralle heranzureifen. Der größte Teil geht verloren. Unter Tausend, unter Millionen Losen, ein Treffer! Und dieses Gesetz der großen Zahl gilt nicht nur in zoologischen Zusammenhängen. Wie viele Bücher wurden begonnen und nie vollendet; wie viele erschienen und sind in zwei, in einem Jahr schon wieder vergessen! Wie viele Namenlose kommen auf einen Goethe, auf einen Rembrandt, auf einen Beethoven oder Vivaldi! Wie oft schießen wir daneben, bis wir ins Schwarze treffen! Das Universum betreibt einen gewaltigen Aufwand! Doch die Beurteilung dieses Schauspiels ist abhängig von Lage und Perspektive. Um auf das Beispiel der Korallenstöcke zurückzu- kommen: was hier für den beobachtenden Taucher ein Schauspiel voll Harmonie und Schönheit bedeutet, ist für die einzelne Keimzelle der Korallen, besäßen erstere ein reflektierendes Bewusstsein, sicherlich eine Darbietung voller Grausamkeiten und voller unwägbarer, schrecklicher Zufälle. Vielleicht würde jene Keimzelle mit Schopenhauer sagen: „Der Schmerz ist die eigentliche Realität im Leben". Doch solche Urteile greifen zu kurz. Der Kern bleibt unberührt. Das Universum lässt sich nicht mit moralischen Maßstäben und Begriffen ausmessen. Hier verlieren Begriffe wie Leid und Schmerz, Gut und Böse, ihre absolute Bedeutung, behalten nur relativ, abhängig vom jeweiligen Fall und von der Perspektive des Beobachters, ihren Sinn, da alle Begrifflichkeit letztlich vor der unauslotbaren Tiefe des Seins versagt.

*

Die normannische Besiedlung Grönlands war zum Scheitern verurteilt. Die Triebe, die die nordische Rasse bis auf diese Eisinsel ausstreckte, starben in den frostigen Arktisnächten langsam ab. Die Rasse war an eine *Ultiama linea,* an eine letzte Grenze, gestoßen. Immerhin hielten sich die Nordleute gut ein halbes Jahrtausend auf der Insel des Frostes. Und schließlich lässt sich eine Kultur, oder auch ein individuelles, menschliches Leben, nicht nach der Fortdauer in der Zeit beurteilen. In mancherlei Hinsicht nämlich brachte dieses, aus anderen Klimaten nach Grönland verpflanzte Pflänzchen, dieser Ableger der nordischen Kultur, erstaunliche Blüten und Früchte hervor. Von Grönland aus wurde Amerika entdeckt. Fünfhundert Jahre vor Kolumbus!

*

Die Nordmänner in Grönland waren weiter nach Norden und Westen vorgedrungen, als je ein Europäer vor ihnen. Dennoch, oder vielleicht auch gerade deshalb, war ihr Entdeckungshunger noch nicht gestillt. Wenn erst einmal alte Grenzen überschritten sind, dringt man auch leicht weiter ins Unvermessene vor. „Damals sprach man viel davon neue Länder aufsuchen zu wollen", heißt es in der Grönlandsaga. Der Drang ins Unbekannte, Unbegrenzte war also allgemein. Vor allem aber Leif Erikson, den Sohn des roten Erik, zog es hinaus, um das unbekannte Land im Westen zu erforschen, dass ein gewisser Bjarni Herjulfssohn kurz zuvor auf einer seiner Segelfahrten gesichtet hatte, ohne es jedoch zu betreten und näher in Augenschein zu nehmen. Leif hatte seinen Vater lange gedrängt die Leitung der Expedition zu übernehmen. Nach langem Zögern erst gab Erik nach. Doch als er von seinem Anwesen in Grönland zu den Schiffen hinab ritt, die zur Abfahrt bereit waren, strauchelte sein Pferd. Erik fiel aus dem Sattel und verletzte sich den Fuß. Daraufhin ritt er auf sein Anwesen zurück und ließ seinen Sohn allein hinaus ziehen.

Er gab wohl nicht nur wegen der Verletzung am Fuß auf. Zwanzig Jahre früher hätte sich Erik der Rote deswegen sicher nicht davon abhalten lassen nach Grönland zu segeln. Er nahm den Sturz vom Pferd sicher als Omen für das, was er schon vorher im Innersten gefühlt hatte. Für ihn stand diese Fahrt unter keinem guten Stern. Im Alter zieht man nicht mehr so leicht hinaus ins Unbekannte. Es waren nun Jüngere berufen zu handeln. Das Erik der Rote den Sturz vom Pferd als schlechtes Omen nahm, heißt nicht, dass er abergläubisch gewesen sein muss. Schon die ganze Zeit hatte sich vieles in ihm gegen diese Reise gesträubt. Der Sturz vom Pferd war ihm einfach Bestätigung. Auch von Goethe ist uns Ähnliches überliefert. Als er einmal zu einer Reise aufbrechen wollte, brach schon kurz hinter Weimar das Wagenrad. Nach diesem Vorfall kehrte er schleunigst um. Auch ihn hatten zuvor heftige Zweifel gequält, ob er die Fahrt antreten sollte. Hin- und Hergerissen zwischen Pro und Contra, gab ein, an sich belangloses kleines Unglück, schließlich den Ausschlag.

*

Leif musste also alleine seine Mannschaft befehligen. Fünfunddreißig Mann, so heißt es in der Grönlandsaga, traten mit ihm die Fahrt ins Ungewisse an. Was eine solche Fahrt über den eisigen Nordatlantik im offenen Boot bedeutet, können wir nur erahnen. Überallhin kroch die Nässe, die, zusammen mit dem Wind, die Körper erbarmungslos auskühlte. Die Hände waren steif gefroren. Die Körper zitterten. Gekocht wurde wohl auf den hölzernen Schiffen nicht. Die Mannschaft musste sich mit kalter Kost zufrieden geben. Es gab Stockfisch, Pökelfleisch, getrocknete Algen, stark gesalzene Butter, wie sie noch heute in Skandinavien beliebt ist, sowie, schon damals, Knäckebrot. Der Trinkwasservorrat wurde in verschlossenen Eimern mitgeführt.

So primitiv das Leben an Bord war, das Wikingerschiff selbst war nicht nur eine technische Meisterleistung, es war zugleich auch hohes Kunstwerk. Hier gelang eine Beschwörung. Im Keim wurde mir das bereits deutlich, als ich 1989 in Oslo vor den Wikingerschiffen aus Oseberg, Gokstad und Tune stand, die die Archäologen ausgegraben und vor dem Vergessen gerettet hatten. Dies waren nicht nur Produkte technischer Meisterschaft. Hier waren Annäherungen an tiefe Schichten des Seins gelungen. Diese Schiffe, von Menschenhand geschaffen, glichen doch atmenden Organismen, lebendigen Wesen. Es waren im wahrsten Sinne des Wortes Wogenrösser, Drachenboote, Schlangen, die sich über die Wellen wanden. Das Holz atmete. Im Verbund mit der Mannschaft glitt hier eine lebendige Einheit über das Meer. Urkräfte drangen aus dem Urgrund herauf, verfingen sich in den magischen Ornamenten, die in das Holz geschnitzt waren.

*

Leif Erikson hat sicher kein solch elegantes und kostbares Schiff besessen, wie es mächtige Wikingerfürsten in Oseberg, Gokstad und Tune mit ins Grab nahmen. Seine Knorre war ein weniger elegantes, doch ausgesprochen robustes Schiff, das auch die rauen Passagen nach Island, Grönland und Vinland gut meistern konnte. Mit einem solchen Schiff also segelte Leif nach Südwesten, bis er die Küste eines bis dahin unbekannten Landes sichtete. Im Jahre 1002 nach christlicher Zeitrechnung setzte Leif Erikson und seine Männer als erste Europäer ihren Fuß auf Land, das Teil eines riesigen Kontinentes war, dem man ein halbes Jahrtausend später den Namen Amerika verleihen sollte und das die Nordmänner selbst Vinland nannten. Es ist müßig zu fragen, wie die Weltgeschichte sich wohl verändert hätte, wenn die Nordmänner hier dauerhaft Fuß gefasst hätten, wie etwa auf Island.

*

Die Aufzeichnungen, die uns von den Fahrten nach Vinland berichten, stammen aus einer Zeit, als es längst keine Fahrten nach Vinland mehr gab. Das Christentum war auch in Island, wie in ganz Europa, zur alles prägenden, alles durchdringenden Kultur geworden. Und auch hier waren es die Klöster, die die alten Überlieferungen und Historien, bis zurück in heidnische Zeit, niederschrieben und so vor dem endgültigen Vergessen bewahrten. Doch den Geist, der solche Fahrten beflügelt hatte, gab es nicht mehr. Das Innen war wichtiger als das Außen geworden. Nicht mehr das Abenteuer bildete den Mittelpunkt der Lebensrealität der Menschen, sondern das Verhältnis der menschlichen Seele zu Gott. Daher kommt es, dass die Wikinger, die den Hefesatz des frühen

Mittelalters gebildet hatten, in Vielem moderner anmuten, als die Menschen des feudalen Mittelalters. Der zeitliche Abstand sagt selten viel über den Grad der Verwandtschaft aus. Andere logische Bezüge, als solche, die durch die zeitliche Abfolge vorgeprägt wären, sind im geschichtlichen Gefüge nicht eben selten. Die Entwicklung verläuft nicht ausschließlich linear. Brechungen, Faltungen und weiträumige Überbrückungen in der Zeit sind eher die Regel als die Ausnahme.

*

Modern an den Nordmännern wirkt etwa ihr ausgeprägter Individualismus, ihr Nützlichkeitsdenken, ihre raumübergreifenden Unternehmungen. Jeder wollte frei, nach seiner Fasson leben. Die Fahrten der Wikinger waren keine organisierten Eroberungszüge, die über Europa hereinbrachen. Vielmehr waren es kleine Horden genialer Abenteurer, die die Küsten Europas in Angst und Schrecken versetzten. Abenteurer, die sich jeder Gegebenheit anzupassen wussten. Ihre Sache war weniger der Kriegszug, sondern vielmehr der Strandhögg, der schnelle, guerillaartige Überfall vom Meer aus. In Russland zogen sie mit ihren Schiffen die großen Flüsse hinab und handelten mit Pelzen und Häuten, oder trieben Sklaven ein. Auch in Byzanz traten sie als Händler auf, ließen sich aber auch vom Kaiser als Söldner anwerben. Auf der Westroute besiedelten sie die zahllosen kleinen Inseln im Atlantik, sowie Island und Grönland, oder sie überfielen Klöster und Küstenstädte in handstreichartigen Überfällen.

Die Geschichte der Wikinger wurde von abenteuerlustigen Seefahrern geschrieben, von selbstbewussten Individuen, nicht von großen Königen. Als Harald Schönhaar Norwegen, nach südländischem Vorbild, zu einem einzigen Königreich zusammen fasste, begann schon eine neue Zeit heraufzudämmern. Bald sollte dann auch das freie Individuum, für ein paar hundert Jahre, ganz aus der Geschichte verschwinden.

*

Nebenbei. Das Phänomen der Wikingerzüge lässt sich auch auf elementarer, nicht nur auf geschichtlicher Ebene, fassen.

Nun ist dein Schiff eine Zierde auf den Wogen.
Tüchtige Recken werden kommen, es zu bemannen.
Sei kundig, dein Wogenross zu reiten.
Nutze, wenn hoch die Sonne steht, den Sommerwind.
Sorge stets für gutes Tauwerk

und meide die Jahreszeiten der Stürme...

Diese Verse sind nicht nur praktische Segelanweisung. In ihnen spiegelt sich auch ein Grundzug des Seins wieder, wie er in mannigfachster Weise die Dinge durchdringt. Da sind die Züge der Wikinger an den Küsten Europas, oder der Flug der Küstenseeschwalbe über den halben Erdball hinweg, nur Ausformungen ein und desselben Phänomens auf verschiedenen Ebenen. Was ich in Bezug auf die Küstenseeschwalbe gesagt habe, gilt auch in Hinblick auf die Unternehmungen der Wikinger. Doch lassen sich die Dinge nur unvollkommen mit Worten wie Fernweh, Abenteuerlust, oder Wandertrieb fassen. All das sind ja schon Ausformungen. Ausformungen, die ein und demselben Urgrund entspringen. Ein Urgrund, der vorantreibt, der alles in stetiger Unruhe hält, der bewegt. Der Hefesatz des Lebens. Doch Worte kristallisieren nicht mehr in den magmatischen Urtiefen der Dinge. Gegensätze wie Gut und Böse, Hoch und Tief, Bewegung und Stillstand verschmelzen dort ineinander. Der Boden trägt nicht mehr.

*

Den Wikingern wären solche Spekulationen freilich fremd

gewesen. Sie waren Realisten. Wenn sie auch den Bezug zu den Hintergründen niemals verloren. Doch der Ausflug in solche Grenzbereiche war notwendig. Es sei wiederholt. Das Wikingerphänomen weißt Grundzüge auf, die sich in mannigfacher Weise und zu allen Zeiten wiederfinden lassen. So auch heute noch in unserer modernen, oder besser postmodernen Zeit. Die Dinge ändern sich nur in ihren Erscheinungen, jedoch nicht in ihrem Kern.

*

Jack London führte seine Herkunft auf die Wikinger zurück. Das heißt, er fühlte sich im Elementarsten, im Blute, mit ihnen verwandt. Dabei spielt es keine Rolle, ob nun tatsächlich normannisches Blut in seinen irischen Adern floss (was durchaus möglich gewesen sein könnte, bedenkt man die Präsenz der Wikinger in Irland). Wichtiger ist die seelische Verwandtschaft. Auch er fühlte dasselbe Grundprinzip in sich wirksam, wie es im Wikingerphänomen fast rein zu Tage trat. Der Drang ins Unbegrenzte, das Fernweh, die Lust am Abenteuer. Das sind seelische Grundprinzipien, Instinkte, wenn man so will. Sie sind unabhängig von Rasse und Blut wirksam. Wenn auch freilich diese Instinkte bei den indoeuropäischen Völkern stets am ausgeprägtesten waren und es bis heute geblieben sind.

*

Zur Erklärung des Wikingerphänomens, wie auch der Völkerwanderung allgemein, wurde von den Historikern häufig die Überbevölkerung und die Knappheit der Ackerböden in den skandinavischen Gebieten als ursächlich angenommen. Diese Erklärung greift zu kurz. Andere Völker standen vor den gleichen Problemen und haben sie anders gelöst. Die Wikingerzüge waren eine Reaktion auf die Überbevölkerung. Das ist richtig. Doch konnte die Reaktion darauf nur auf diese faszinierende Weise geschehen, weil die Nordmänner einen Hang zum Abenteuer besaßen, nein, geradezu Genies des Abenteuers waren, weil sie mit den anderen germanischen Völkern den Drang ins Unbegrenzte teilten und wohl auch, weil auch für sie der alte indogermanische Grundsatz galt: „Das alles zu erreichen sei, was man nur fest genug erreichen wollte (Wo ein Wille, da auch ein Weg)". Diese charakteristischen Eigenschaften machte sie in der damaligen geschichtlichen Situation zur treibenden Kraft einer ganzen Epoche, zum Hefesatz ihrer Zeit.

*

Heute freilich würde eine solche barbarische Kraft, wie sie in den Wikingerzügen in Erscheinung trat, verhängnisvoll wirken. Für die Beschwörung der Renaissance durch Burckhardt und der Arsen und der Antike durch Wagner und Nietzsche haben wir teuer bezahlen müssen. Wiederkehrendes ist beinahe noch gefährlicher als neu Entdecktes. Ernst Jünger notierte am 9. Mai 1945 in sein Tagebuch: „Wir haben eine junge Berlinerin zu Gast, die, völlig ausgeplündert, in Soldatenhosen und einer leichte Bluse auf dem Marsch zu einer Freundin ist. Der Vater ist im Kaukasus verschollen; die Mutter, herzkrank, entzog sich durch Vergiftung den Schrecken des russischen Einmarsches. Es scheint, dass die Honoratioren ganzer Landstädte in Ostpreußen, Schlesien und Pommern ähnlich handelten. Die Flüchtlinge sahen durch die Fenster Gesellschaften von Leichen an den gedeckten Tischen sitzen. Die Antike wurde beschworen, sie hat geantwortet. [Strahlungen II; S. 438].

*

Wir haben unsere Lektion gelernt. Millionen mussten mit ihrem Leben und Blut dafür bezahlen. Das Opfer ist zu groß, als dass es umsonst gewesen sein darf!

Die Berner Zeitung „Bund" besprach Nietzsches Buch „Jenseits von Gut und Böse" am 17. September 1886 unter dem Titel „Nietzsches gefährliches Buch". Da heißt es: „Jene Dynamitvorräte, die beim Bau der Gotthardbahn verwendet wurden, führten die schwarze, auf Todesgefahr deutende Warnungsflagge. Ganz nur in diesem Sinne sprechen wir von dem neuen Buch des Philosophen Nietzsche als von einem *gefährlichem* Buche. Wir legen in diese Bezeichnung keine Spur von Tadel gegen den Autor und sein Werk... Noch weniger könnte es uns einfallen, den einsamen Denker durch den Hinweis auf die Gefährlichkeit des Buches den Kanzelraben und Altarkrähen auszuliefern. Der geistige Sprengstoff, wie der materielle, kann einem sehr nützlichen Werke dienen; es ist nicht notwendig, dass er zu verbrecherischen Werken missbraucht werde. Nur tut man gut, wo solcher Stoff lagert, es deutlich zu sagen: hier liegt Dynamit".

*

Der geistige Sprengstoff, den der Verfasser des Artikels, I. V. Widmann, in seltener Klarsicht und in kongenialer Weise erfasst, lag ebenso im Buche Nietzsches wie in der Zeit. Dreißig Jahre später und dann noch einmal fünfzig Jahre später, sollte dieser

Sprengstoff die Welt auf das schrecklichste erschüttern und in ihren Grundfesten erbeben lassen. Ja, wir haben unsere Lektion gelernt. Und dennoch gibt es auch heute, in unserer postmodernen, nachideologischen Welt, genügend Menschen, die Sprengstoff in sich tragen. Die sich, wie die Wikinger, nicht auf das Diesseits des Horizonts beschränken lassen. Denen das Abenteuer Lebenselixier bedeutet. Vielleicht bist Du, der Du diese Zeilen ließt, auch einer von jenen, die berufen sind Hefesatz zu sein, Sucher und nicht Bewahrer. Dann benutze Deinen Sprengstoff, den Du in Dir trägst! Sprenge Konventionen, beseitige Hindernisse! Doch bedenke stets, dass mit solch gefährlicher Ausstattung auch die Verantwortung wächst.

Látrabjarg, den 12. Juli 1996

Nach langer und anstrengender Fahrt über die Sand- und Geröllpisten der Nordwestfjorde, erreichte ich schließlich die steilen Vogelklippen Látrabjargs. Nachdem ich unweit der riesigen Vogelkolonie mein Lager aufgeschlagen hatte, robbte ich vorsichtig an den Abbruch der senkrecht abfallenden Steilküste heran. Bis zu vierhundertvierzig Meter hoch türmen sich hier an diesen Gestaden längst ausgeglühte Vulkangesteine über den Wogen des

Nordatlantiks auf, der unablässig seine Wellen gegen das Land wirft. Viel weiter westlich liegt dieses windgepeitschte Vogel- und Wikingerland als etwa die sonnendurchfluteten Küsten Portugals oder das Kap Finisterra Spaniens. Etwas mehr als zweitausend Kilometer trennen hier Europa von den Küsten Südamerikas. Könnten die Blicke von hier ungehindert und immer weiter nach Süden dringen, so würden sie auf tausenden und tausenden von Kilometern auf nichts treffen, als auf die weiten, wilden Wogen des Atlantiks. Auf beinahe der ganzen Länge des halben Erdumfangs, erhebt sich kein Land mehr über die Wasser des atlantischen Ozeans, bis man schließlich auf die Gletscher und Packeisfelder der Antarktis trifft.

Noch einmal schob ich mich ein Stück weiter über das kurze, windzerzauste Gras nach vorn, so dass ich schließlich bequem über den Abgrund nach unten schauen konnte. Tief fiel der Blick hinab, bis zu den schäumenden Wogen des Atlantiks. Hunderte, nein, tausende von Seevögeln bevölkerten in einem, auf den ersten Blick chaotischen Durcheinander, Felsen und Luft. Ungeheuer war die Konvulsion an- und abfliegender Vögel. Möwen zogen elegant ihre Kreise in der ätherischen Luft zwischen Meer und Klippen, ließen sich von den Strömungen und Luftwirbeln über die Felsgrate hinaus nach oben tragen oder verloren sich in der blauen Ferne, wo

Meer und Horizont ineinander flossen. Auf schmalen Nischen und Gesteinsbändern hockten dutzende und hunderte von Trottel- und Dickschnabellummen dicht an dicht beieinander. Buschige Junge saßen in den Nestern der Möwen und Eissturmvögel. Krächzend schimpften die Alten nach oben, wenn ein anderer Vogel zu dicht über die Nester flog. Die koboltartigen Papageientaucher, mit ihren bunt gezeichneten Schnäbeln und ihrem schwarzweißen Gefieder flatterten auf kurzen Stummelflügeln heran und verschwanden nach der Landung in ihren Erdhöhlen, die ganz oben auf den Grashängen des Kliffs lagen. Das Geschnatter und Gekreisch der tausenden von Vögeln war ungeheuer. Was für eine Explosion des Lebens! Die Vogelfelsen des Nordens sind sicherlich eine der gewaltigsten Manifestationen des Seins, die ich jemals sah, vergleichbar eigentlich nur mit den tropischen Korallenriffen des Roten Meers, die ich vor Jahren betauchte.

*

Es hat etwas Tröstendes sich so inmitten des Lebensüberflusses zu bewegen. Auf einem kahlen, sturmgepeitschten Felsen inmitten des Nordatlantiks explodiert plötzlich das Leben in einem ungeheuren Übermaß. Zwischen den kleinsten Felsritzen gedeihen noch Blumen und Gräser. Jedes Jahr wachsen hier kleine, zerzauste

Vogeljunge heran, werden erwachsen, fliegen schließlich aufs Meer hinaus und kehren dann an dieselbe Küste zurück, um nun selbst neues Leben in die Welt zu setzen.

Das sind Bilder des ewigen Kreislaufs. Man selbst vergeht, doch das Leben besteht. Das wird einem hier auf anschauliche Weise vor Augen geführt. Ein Leben, das in solch weltabgeschiedenen Einöden solche Wunder hervorbringt, das kann auch durch schwerste Katastrophen, durch Weltuntergänge, die Millionen und Abermillionen an Individuen und Arten dahinraffen, nicht vernichtet, sondern allenfalls verwandelt werden. Dies zählt zweifelsohne in Zeiten in denen solche Katastrophen nicht nur möglich erscheinen, sondern zum Kalkül zählen, zu den Tröstungen, welche die Natur zu spenden in der Lage ist.

*

Die Dinosaurier waren die Beherrscher einer Jahrmillionen währenden Epoche. Es genügten Tage oder allenfalls Wochen, die dem großen Einschlag eines Meteoriten vor 65 Millionen Jahren folgten, um sie vom Antlitz der Erde zu tilgen. Der Mensch ist heute in der Lage, durch sein technisches Kriegsarsenal ähnliche und noch weitaus zerstörische Kräfte zu entfesseln. Schon ein mittelschwerer Atomwaffeneinsatz dürfte genügen die Erde in einem ähnlichen Umfang zu verwüsten, wie es am Ende der Kreidezeit durch kosmische Kräfte geschah. Sicherlich zöge dann auch hier, so weitab von den Brennpunkten der Weltgeschichte, kein Vogelflügel mehr durch den glühenden Himmel. Fossile Überbleibsel des Lebens würden von atomaren Staub bedeckt werden. Der Lebensbaum wäre entblättert. Die Erscheinungen des Lebens wären aus dem Sein getilgt. Doch selbst nach riesigen Katastrophen, bei denen neunzig Prozent aller Arten ausstarben, erholte sich das Leben stets aufs Neue. Die entstandenen Lücken wurden durch neue Arten ausgefüllt. Und solange die Sonne unserem Planeten ihre lebensspendende Energie sendet, wird das wohl auch in Zukunft so bleiben. Auch nach einer solchen Katastrophe, wie es ein atomarer Krieg darstellen würde, würde der angekohlte Baum neue Blätter, Blüten und Früchte tragen. Gäa, unsere Mutter Erde, würde sicherlich für lange, für sehr lange, in Sack und Asche gekleidet sein. Doch irgendwann, nach Jahrmillionen, würde sie ein neues Festkleid überwerfen, würde eine neue Fülle von Arten unsere Erde bevölkern. Und selbst wenn der Mensch die Fähigkeit besitzen würde die Erde ganz in die Luft zu sprengen und zu atomisieren, so würde dies doch nichts an der lebensbildenden Kraft des Kosmos ändern. Der kosmische Urgrund, aus dem das Leben entspringt, bleibt zum Glück auf immer außerhalb der Möglichkeit menschlicher Einflussnahme.

*

Solche Gedanken haben etwas Tröstliches in apokalyptischer Zeit. Doch ändert das nichts an der Verantwortung des Menschen für seine Heimatwelt. Der Satz der Bibel: „Macht euch die Erde untertan!" ist nicht dahingehend zu verstehen, dass der Mensch ein unbeschränktes und willkürliches Verfügungsrecht über die Erde und ihre Geschöpfe hätte. Nach alter germanischer Tradition spendet der Herrscher durch sein Königsheil seinen Untertanen Glück und Segen. Doch der Mensch führt sich heute eher wie ein Tyrann auf, für den es keine Untertanen gibt, sondern nur Beherrschte, Unterdrückte. Oder noch besser wie jene römischen Statthalter, die für eine gewisse Zeit in die Provinz entsandt wurden, die sie dann gnadenlos und nur auf schnellen Profit bedacht, auspressten und bis auf den letzten Blutstropfen aussaugten.

Dies ist freilich für jeden denkenden Menschen ein längst bekannter Tatbestand, doch mag er hier noch einmal wiederholt sein. Denn es scheint mir doch so zu sein, dass eine Änderung nur dann möglich ist, wenn der Mensch sich seiner verantwortlichen

65

Rolle, die er derzeit im Lebenssystem spielt, oder doch spielen sollte, bewusst wird.

Látrabjarg, den 13. Juli 1996

Im Zelt. Den ganzen Tag trieb der Atlantik Sturmböen und Regenschauer gegen die gebirgige Küste der Nordwestfjorde. Von den Bergen rauschte das Wasser in Sturzbächen herab. Wolkenfetzen trieben gegen das feste Land, vom Sturm in schnellem Flug vorwärts getrieben.

Gestern am Abend schlug hier eine kleine Gruppe Italiener ihre Zelte auf. Doch bald schon brachen die Sturmböen über ihr abendliches Lager herein. Und obwohl die Italiener ihr Lager sogar etwas windgeschützt, in einer Mulde, errichtet hatten, reichte die Kraft des Windes doch allemal aus, um ihre Zelte niederzuwerfen, die Gestänge zu verbiegen und die Zeltbahnen aufzuschlitzen. Einer nach dem anderen kam aus seinem zerstörten Zelt gekrochen. Für den Rest der Nacht suchten sie dann frierend und zähneklappernd Schutz hinter einer Bretterwand, die von den Isländern als primitive Waschgelegenheit errichtet worden war. In aller Frühe verließen sie dann die Küste, die sie so unfreundlich empfangen hatte.

Mein Zelt hingegen, eine stabile, geodätische Konstruktion und von fünf Aluminiumstangen gestützt, überstand die stürmische Nacht problemlos. Am Morgen wanderte ich dann wieder hinauf zum Vogelfelsen Látrabjarg. So stark wehte dort oben der Wind, dass ich am Rand des Kliffs nur mehr auf allen Vieren kriechen konnte. In dem steilen Fels hockten die Vögel niedergekauert und geduckt und trotzten dem Wind, der an ihrem Gefieder zerrte. Auch am zerwühlten Himmel jagten Vögel dahin, die gegen die Sturmwolken meist nur als dunkle Schemen zu erkennen waren. Doch beherrschten die meisterhaften Flieger auch in diesem Sturm ihr Element noch sicher. Beinahe hatte man den Eindruck als würden sie den Kampf mit den Elementen als Spiel auffassen. Bald schossen sie mit angezogenen Flügeln wie Torpedos dahin, bald ließen sie sich segelnd von einem Luftstoß weit hinaus aufs Meer tragen. Doch hielt ich es nicht lange oben auf den Klippen aus, an diesem stürmischen Tag. Bald kehrte ich fröstelnd in das Zelt zurück. Ein wenig einsam fühlte ich mich, so weit ab von jeglicher Gesellschaft und inmitten der rohen Naturgewalten.

Látrabjarg, den 14. Juli 1996

„Wenn Ihnen das Wetter nicht passt, warten sie ein paar Minuten. Es ändert sich gleich." sagen die Isländer. Daran ist etwas Wahres. Heute schien wieder die Sonne und es wurde, abgesehen von dem frischen Wind, der von See her wehte, einer der herrlichsten Sommertage, die ich je in Island erlebt habe. Nach dem Frühstück, das nur noch aus einer Tasse Tee bestand, da alle meine Vorräte bereits aufgebraucht sind, wanderte ich gleich zum Vogelfelsen Látrabjarg hinauf. Oben legte ich mich, wie üblich, auf dem Rand des Kliffs und spähte hinunter. Unten, dort wo einige Felsen über die Brandung empor ragten, sah ich einige dunkle Gestalten, die sich in der Sonne aalten. Durch das Teleobjektiv des Fotoapparats, nahm ich sie genauer in Augenschein. Es waren Kegelrobben. Wie Urlauber in Italien lagen sie nebeneinander und ließen sich die wärmende Julisonne auf den Speck brennen. Von Zeit zu Zeit freilich schien es ihnen zu heiß zu werden, da sie immer wieder einmal in die kühlen Wellen des Atlantiks stiegen, um einige träge Runden in der Brandung zu schwimmen. Wahrlich ein Bild animalischer Faulheit.

Die Vogelkolonien am Fels waren im Gegensatz dazu, heute von einer besonderen Geschäftigkeit durchdrungen. Ständig schleppten

Abb. 3: Auf den Vogelklippen

Abb. 4: Ein Papageientaucher mit seiner Beute

Abb. 5: Verdiente abendliche Ruhe

Abb. 6: Streit auf den Vogelklippen

Abb. 7: Die Nordsommersonne scheint auf die Vogelklippen

die Altvögel Unmengen an Nahrung aus der See heran, um damit ihre Jungen zu füttern. Die Papageientaucher kamen oft mit einem Dutzend kleiner Sandaale im Schnabel auf ihren Stummelflügeln heran geflattert. Man hat schon Exemplare von ihnen beobachtet, die mit bis zu zweiundsechzig Fischen im Schnabel von ihren Beutezügen zurückkehrten. Wenn sie dann mit ihrem Fang an den heimatlichen Brutplätzen ankommen, werden sie allerdings oftmals von Möwen angegriffen, die ihnen dann einen Teil der Beute in waghalsigen Luftkämpfen wieder abjagen.

Oben am Kamm des Kliffs sitzen die Papageientaucher dann noch für gewöhnlich eine ganze Weile mit den Sandaalen im Schnabel da, die ihnen links und rechts in langen Zotteln herabhängen. Sie wirken so wie alte, schnauzbärtige Matrosen auf Wache. Endlich aber verschwinden sie doch in ihren Erdhöhlen, wo sie die Fische schließlich an ihre Jungen verfüttern.

Diese gefiederten Kobolde mit ihren bunten Schnäbeln, lassen den Menschen ganz nahe an sich heran. Wenn man dann die Hand ausstreckt, schauen sie einen nur wie verwundert an und rücken dann widerwillig ein Stück zur Seite. Untereinander liefern sie sich oft drollige Ringkämpfe. Mit ineinander verkeilten Schnäbeln und aufgestellten Flügeln versuchen sie dann den Gegner vom eigenen

Territorium zu vertreiben. Die Eindrücke wechselten einander ab. Schreiende Vogeljunge in Felsennestern, Luftkämpfe, Kegelrobben in der Brandung, das Gewirr tausender und abertausender Vogelleiber in den Kliffs. Den ganzen Tag über wurde ich nicht müde das chaotische Treiben des überquellenden Lebens an diesen rauen Felsen im Nordaltlantik zu beobachten. Erst spät am Abend nahm ich Abschied von dieser großartigen Manifestation des Lebens. Das Gefühl, dass wir in einer Welt des Überflusses, auf einem Planeten der Wunder leben, nahm ich mit, von diesem nördlichsten Ende der Welt.

In den Westfjorden, den 15. Juli 1996

Ein harter Tag heute. Ich habe fünfhundert Kilometer auf den schlechten Westfjordstraßen zurückgelegt. Das Fahren auf den schlammigen Pisten erfordert volle Konzentration. Ich spüre jeden einzelnen Muskel. Bin reichlich geschafft. Liege endlich im Schlafsack. Mehr als diese wenigen Zeilen zu schreiben, erlaubt mir die Müdigkeit nicht mehr...

Am Myvatn, den 16. Juli 1996

Heute bin ich die fünfhundert Kilometer von Holmavík bis zum Myvatn durch- gefahren. Eine einigermaßen langweilige Angelegenheit. Aber nach einiger Zeit stellte sich ein Zustand ein, der demjenigen geistiger Meditation gleicht. Die Straße, die Landschaft, verschwanden im Nebel des Unterbewussten. Mit automatischer Präzision steuerte ich das Motorrad über die Schotterpisten der Ringstraße. Bilder, Gedanken und Erinnerungen tauchten aus den tiefsten Schichten der Seele empor. Wie bunte, schimmernde Fische stiegen sie an die Oberfläche des Bewusstseins, spielten im Lichte geistiger Gegenwart, verloren sich wieder. Ein Tanz, den ich genoss und der zuhause, im Alltag, kaum jemals Raum zur Entfaltung findet.

Am Myvatn, den 17. Juli 1996

Auf den berühmten Islandpferden an den Ufern des Myvatn entlang. Mit Hafrun, meiner isländischen Führerin, ritt ich durch das Pseudokratergebiet an den südlichen Ufern des Sees. Einst floss hier glühende Lava über sumpfiges Moorland. Der durch die Hitze entstandene Wasserdampf brach sich explosionsartig Bahn durch die darüber liegenden Lavamassen. Dabei bildeten sich kraterähnliche Strukturen, die wie schwarze Kegelstümpfe aus den grünen Weiden am See emporragen. Hafrun, blond, groß gewachsen und schlank, war wirklich ein nettes Mädchen. Sie erklärte mir einiges über die vulkanischen Aktivitäten rund um den Mynatn. Oft hielten wir an und kletterten auf die Pseudokrater hinauf, oder spähten in tiefe Lavahöhlen hinab. Auch lehrte sie mir auf die Schnelle, wie man einen Töld reitet, jenen fünften, sanften Gang, den nur isländische Pferde beherrschen und bei dem die Hufe der Tiere kaum den Boden berühren.

Nördlich des Tungnafellsjökull, den 19. Juli 1996

Vom Myvatn aus, dem Mückensee, durch das Tal des Skálfandaflót und auf der Sprengisandurroute nach Süden. Auf den ersten Kilometern begleitete noch ein lichtes Birkenwäldchen meine Fahrt, das an den windgeschützten Hängen des engen Skálfandaflótdalur wuchs. Manchmal sprangen halbwilde, zottelige Geisterschafe aus dem Frühdunst über die Straße. Bald kam ich an einem Verkehrsschild vorbei, wie man es in Mitteleuropa nicht finden wird. Auf dem Warnschild war ein Geländewagen abgebildet, der sich gerade anschickt, in einen tiefen Fluss hineinzufahren. Die Strecke nach Süden darf nur mit geländegängigen Fahrzeugen in Angriff genommen werden!

Bald darauf ging es auch schon auf staubigen Pisten durch die Geröll- und Steinwüste Sprengisandur. Es machte mir unheimlich Spaß, mit dem Geländemotorrad auf solchen Schotterpisten entlang zu brausen und mit den physikalischen Kräften, sowie dem Untergrund zu spielen und zu kämpfen. Für Augenblicke frei wie die Vögel in den Westfjorden, die auf ähnliche Weise mit den physikalischen Kräften des Windes ihr Spiel trieben. Unter mir blubberte kraftvoll der Einzylindermotor der Enduro. Mit der vollbeladenen Maschine driftete ich durch die engen Kurven der Schotterpiste. Der vom hinteren Stollenreifen aufgewirbelte Staub, waberte als lange, ockerfarbene Schleppe hinter der Maschine her. Mit Schwung fuhr ich durch die wenigen, seichten Bäche, die meinen Weg kreuzten. Gischt spritzte zur Seite. Das kalte Wasser der Bäche begann zu brodeln und zu dampfen, wenn es mit dem heißen Metall des Auspuffs in Berührung kam.

*

Bald schon tauchte das Fels und Eismassiv des Tungnafellsjökull links der Piste auf. Dort oben musste es vor kurzem ein Unwetter gegeben haben. Quer zur Piste versperrte ein reißender, unüberwindlich scheinender Fluss, der das eiskalte Wasser aus den Gletscherregionen abtransportiert, den Weg. Die Isländer teilen ihre Flüsse in zwei unterschiedliche Kategorien ein. Die eine Kategorie der Flüsse transportiert das Wasser aus den Hochebenen ab. Sie führen klares, sauberes Wasser. Selbst wenn sie reißend sind, kann man sie noch gut abschätzen, da man durch das klare Wasser stets bis auf den Grund sehen kann. Solche Flüsse durchquerte ich zahlreiche im Gebiet der Landmannalaugar. Die zweite Kategorie der Flüsse hingegen wird von den eiskalten Schmelzwassern der Gletscher gespeist. Diese sind trübe, da sie stets viel an Sediment mit sich führen und daher unberechenbar sind. Werden sie noch zusätzlich durch die Wassermassen aus Unwettern gespeist, werden sie schnell zu einer Gefahr für den Reisenden, der sie zu durchqueren sucht. Und dieser Fluss hier gehörte zweifelsohne zur zweiten Kategorie. Als ich ankam standen am anderen Ufer die Fahrer etlicher Geländewagen und besahen sich skeptisch die reißenden Fluten. Ein Motorradfahrer dort drüben hatte bereits sein Zelt aufgeschlagen. Er wollte wohl bis Morgen warten und schauen ob die Fluten bis dahin zurückgehen würden.

Hier, auf dieser Seite des Flusses, standen zwei Motorradfahrer, die das Abenteuer bereits gewagt hatten. Ich kam mit ihnen ins Gespräch. Sie kamen beide aus Norddeutschland. Einer kam, wie durch ein Wunder, ungeschoren durch den Fluss, obwohl die Wellen fast bis über den Tank geschwappt waren. Der Zweite hingegen hatte weniger Glück. Auf der Hälfte der Strecke nahm er ein eiskaltes, nasses Bad. Allerdings gelang es ihm die Maschine aus eigener Kraft wieder aufzurichten und sich gegen die Strömung zu stemmen. Ein isländischer Geländewagenfahrer, die oft beinahe mannshohe Reifen auf ihren Fahrzeugen aufgezogen haben, und so noch Flüsse durchqueren können, bei denen andere längst aufgeben müssen, fischte ihn schließlich aus den reißenden Fluten. Nun schraubten sie beide an dem abgesoffenen Motor herum, um ihn wieder zum Laufen zu bringen. Ich half ihnen ein wenig dabei. Wir wrangen das Wasser aus dem Luftfilter. Die Zündkerzen trockneten und erhitzten wir auf meinem Campingkocher. Doch alles schien vergeblich. Der Motor wollte nicht mehr zum Leben erwachen.

*

Während wir noch mit der Reparatur des Motorrads beschäftigt waren, kam einer jener roten, geländegängigen Islandbusse angefahren, die mit ihrer besonderen Bauweise auch im unwegsamen Hochland den Linienverkehr aufrecht erhalten. Ohne lange zu zögern lenkte der Fahrer den Bus in die Fluten. Gespannt verfolgten wir das Schauspiel. Das hochachsige Fahrzeug schob im

80

Fluss eine gewaltige Bugwelle vor sich her. Längst waren die Räder von den Fluten überspült worden. Schon glaubten wir das Wagnis würde von Erfolge gekrönt werden, doch da setzte das Heck des Busses mit einem lauten Knirschen auf einer Sandbank mitten im Fluss auf. Schnell wühlten sich die Räder tief in Schlamm und Geröll ein. Ängstlich blickten die Passagiere auf die reißenden Fluten unter sich, die mit aller Gewalt gegen die Flanken des Busses anrannten. Das Fahrzeug steckte fest. Ein isländischer Geländewagenfahrer eilte zu Hilfe, versuchte den Bus mittels eines Seils zu bergen. Doch vergeblich. Das Seil war zum Zerreißen gespannt. Man sah, dass es eher in Stücke gehen würde, bevor es gelänge den Bus auch nur um einen Zentimeter zu bewegen. Bald brach dann auch der Fahrer des Geländewagens seine Bergungsversuche ab.

*

Ich konnte das Schauspiel nicht länger verfolgen. Von hier aus zweigte eine Piste in den wohl interessantesten und unwirtlichsten Teil Islands, in die Òðaudahraunwüste, ab. Dorthin wollte ich. Ich verabschiedete mich von den beiden Norddeutschen und wünschte ihnen Glück. Dann fuhr ich los. Heilfroh, dass ich hier den reißenden Fluss nicht überqueren musste.

Óðaudahraun. Das ist die Lavawüste der Missetäter. In der Zeit des isländischen Freistaates, etwa zwischen 930 und 1264 n. Chr., pflegte man Leute, die ein schweres Verbrechen, etwa einen Totschlag begangen hatten, in die Verbannung zu schicken. Entweder man verwies sie ganz des Landes oder der Delinquent suchte von sich aus die einsamen und unzugänglichen Gebiete der Insel auf um dort für die Zeit seiner Verbannung zu hausen. Óðaudahraun, was übersetzt nichts anderes als Missetäterwüste bedeutet, war ein solcher Ort, an den sich die Verbannten zurückzogen und außerhalb der menschlichen Gemeinschaft den harten Kampf ums Überleben austrugen.

*

In die Missetäterwüste also wollte ich. Ein Ort, wild, gefährlich und einsam. Doch schon nach kurzer Fahrt über schwarz-graues Geröll versperrte ein Gletscherfluss den Weiterweg, der jenen an der Sprengisandurroute an Tiefe und Gefährlichkeit in nichts nachstand. Schon der erste Blick vom Ufer überzeugte mich, dass die Überquerung dieses Gewässers ein gefährliches Vabanquespiel werden würde. Ratlos stand ich am Ufer. Hier war es viel ruhiger und einsamer als wenige Kilometer westlich, an der Sprengisandurroute. Stauten sich dort die Fahrzeuge fast dutzendweise zu beiden Uferseiten, so war ich hier allein. Keine Hilfe war zu erwarten, falls die Überquerung misslingen sollte. Nur der stetig wehende isländische Wind war zu hören, der um die Geröllhänge pfiff und das Gurgeln und Rauschen des reißenden Wassers.

Ich zog die bis zur Hüfte reichenden Gummistiefel an, die ich für solche Fälle im Gepäck bei mir führte und watete versuchsweise zu Fuß in die Strudel und reißenden Ströme hinein. Schon nach wenigen Metern spürte ich, wie das Wasser mit aller Macht gegen mich anbrandete. Die Füße wurden mir von der Gewalt des Stromes unter dem Körper weg gezogen. Ich fiel vornüber und tauchte mit dem Gesicht in das eiskalte Wasser ein. Schnell rappelte ich mich wieder auf, bevor ich abgetrieben wurde. Mit Mühe und Not rettete ich mich zurück ans Ufer. Dort setzte ich mich auf einen großen Stein, angelte den, zum Glück trocken gebliebenen, Tabak aus der Innentasche meiner Gore-Tex Jacke und drehte mir eine Zigarette. Rauchend überlegte ich, was zu tun sei. Es hatte keinen Sinn zu versuchen den Fluss heute noch zu überqueren. Es war schon spät am Nachmittag. Morgen, in aller frühe, so überlegte ich, würde der Fluss vielleicht weniger Wasser führen. Denn oben am Gletscher würde in der kalten Nacht weit weniger Eis abschmelzen, als während der Wärme des Tages. Dann müsste es wohl zu schaffen sein, den Fluss zu überqueren. Vom Ufer aus sah ich mir die reißenden Wogen noch einmal genau an und legte mir einen Weg zurecht, den ich morgen früh nehmen wollte und der im möglichst großen Winkel zur Strömung verlief.

*

Also lud ich mein Gepäck vom Motorrad und suchte mir an Ort und Stelle einen Platz aus, wo ich übernachten konnte. Zunächst hieß es die großen, spitzen Steine auf die Seite zu räumen um einen ebenen Platz zum Schlafen zu erhalten. Dann begann ich mein Zelt aufzustellen. Nachdem ich die Zeltstangen in die entsprechenden Kanäle des selbsttragenden Innenzeltes geschoben hatte, welche dieses aufspannten, so dass in etwa eine dreidimensionale Figur entstand, die einem, an der Kreisdiagonale halbierten Zylinder annäherungsweise glich, bückte ich mich nach einem Zelthering um damit den Boden des Innenzeltes am Grund zu verankern, als letzteres von einer Windböe erfasst wurde und plötzlich, wie ein Papierdrachen, hoch in die Luft stieg. Vergeblich versuchte ich noch, es im Flug zu erfassen, da wirbelte der Wind es auch schon in den reißenden Fluss. Augenblicklich wurde es von der Strömung erfasst und mitgerissen. Behindert von der schweren Motorradlederhose rannte ich am Ufer entlang, dem schnell davon treibenden Zelt hinterher. In der Hast stolperte ich über einen Stein, fiel hin und riss mir im Sturz Hände und Schienbein blutig. Doch schnell und ohne auf den Schmerz zu achten raffte ich mich wieder auf. Das Zelt trieb noch zu etwa einem Viertel über der Wasseroberfläche. Bald würde es untergehen. In den schweren und schon halb mit Wasser voll gesogenen Motorradklamotten kam ich nur langsam voran. Schon trieb das Zelt dreißig, vierzig Meter voraus. Die Lungen pumpten nach Luft. Ich blieb stehen. Es war sinnlos. Das Zelt war verloren.

Da, plötzlich, wurde das Zelt von der Strömung in eine Flussbiegung hinein gepresst. Blieb dort hängen. Doch wer weiß wie lange. Es hieß nun schnell und entschlossen zu handeln. Doch wie sollte ich über den Fluss kommen? Schwimmen? Da erinnerte ich mich, dass ich vorhin, weiter Flussaufwärts, eine Eisbrücke entdeckt hatte, die sich über den Fluss spannte. Sie bestand aus dicht zusammengebackenen Schneeresten, die noch vom vergangenen Winter übrig waren, obwohl es doch jetzt schon Mitte Juli war. Schnell rannte ich die drei- vierhundert Meter Flussaufwärts, zu der natürlichen Brücke aus Altschnee. Ohne lange zu prüfen inwieweit das Eis mich tragen würde, betrat ich das unbekannte Terrain. Vom Ufer aus hatte ich gesehen, dass das Eis zu den Rändern hin immer dünner wurde. Also musste ich die natürliche Brücke möglichst mittig überqueren. Unter dem Eis zwängte sich der Fluss brodelnd hindurch. Würde ich durch das Eis brechen, würde ich höchstwahrscheinlich ertrinken. Das konnte leicht geschehen. Jetzt, Mitte Juli, war das Eis sicherlich nicht mehr besonders fest und sicher. Trotzdem musste ich es wagen. Ohne Zelt weiter in die Ódádahraun vordringen zu wollen, wäre sinnlos gewesen. Zügig, doch zugleich mit einiger Vorsicht, lief ich über das Eis. Es hielt. Glück gehabt!

Auf der anderen Seite musste ich dann noch zwei, drei Meter an einem felsigen Abhang emporklettern. Das Gestein war reichlich locker. Ein paar Mal gaben Tritte unter meinem Gewicht nach oder Griffe lösten sich aus der Wand, so dass ich den Stein, an dem ich mich eben noch festgehalten hatte, plötzlich in der Hand hielt. Aber auch dieses Hindernis überwand ich schließlich. Ich rannte das Ufer hinab zu der Stelle, an der die Strömung mein Zelt gefangen hielt. Gott sei dank! Es war noch da. Ich packte es und zerrte es mühsam aus dem Fluss, der es umklammert hielt. Nach der glücklichen Bergung begutachtete ich das Zelt. Es war teilweise zerfetzt. Die Zeltstangen war völlig verbogen. Eine der vier

Zeltstangen war verloren. Doch hatte ich das Zelt wieder. Nun hieß es, noch einmal denselben Weg in umgekehrter Richtung antreten. Wieder balancierte ich über das Eis. Diesmal allerdings weniger ängstlich. „Wenn das Eis beim ersten Überqueren gehalten hatte, so würde es wohl auch diesmal halten", so sagte ich mir. Das klatschnasse Zelt schleifte ich hinter mir her. In der Hand hielt ich die verbogenen Zeltstangen. Wie auch schon vorhin, versperrte auch diesmal wieder eine Eisspalte den Weg, durch die der Blick auf den wild brodelnden Fluss fiel. Ich wickelte das Zelt zu einem Paket zusammen, warf es dann hinüber. Ebenso verfuhr ich mit den Zeltstangen. Endlich sprang ich selbst mit Anlauf über die Spalte hinweg. Als ich glücklich wieder an mein Motorrad gelangte, ließ ich mich dort, wo ich gerade stand, erschöpft auf die Erde fallen. Lange blieb ich so liegen, lauschte meinem wild schlagenden Herzen und starrte in den Himmel, an dem zerrissene Wolkenfetzen dahinjagten.

Nördlich des Tungnafellsjökull, den 20. Juli 1996

Heute kroch ich in aller Frühe aus dem Schlafsack. Es war noch recht kalt zu so früher Stunde, hier im isländischen Hochland. Fröstelnd zog ich mich an. Die Lederhose, die von gestern noch

feucht war, war besonders klamm und kalt. Schnell setzte ich
Teewasser auf, das ich am Abend noch aus dem Fluss geschöpft
hatte. Das warme Getränk tat mir gut und weckte die Lebensgeister.
Dazu gab es etwas Schokolade aus dem Proviant. Dann lugte ich
aus dem Zelt. Mit einem tiefen Atemzug sog ich die frische Luft in
die Lungen ein. Drüben, auf der anderen Seite des Flusses, hatte
inzwischen ebenfalls jemand sein Zelt aufgestellt. Ich begann
zusammenzupacken. Ich wollte so schnell wie möglich das
Abenteuer wagen. Allerdings sah der Fluss nicht so aus, als führe er
seit gestern Abend recht viel weniger Wasser. Die Strömung schien
noch ebenso reißend zu sein, wie am Vortag. Noch immer rauschte
das Wasser in gefährlichen Wirbeln und Strudeln über das Flussbett
aus Kies und Geröll.

Drüben auf der anderen Seite, war inzwischen ein athletischer,
blonder junger Mann aus dem Zelt gekrochen. Auf den ersten Blick
erkannte man ihn als durchtrainierten Sportler. Über das tosende
Wasser hinweg hielten wir Smalltalk. Etwa so:

„Hallo, where are you come from?"
„I´m from Germany."
„Oh, so am I. I mean... Ich auch."
Also konnten wir uns auf Deutsch unterhalten. Mein Gegenüber

kam aus Neuschwanstein. Er wollte mit dem Fahrrad die Ódáðahraun durchqueren und nebenbei noch einige Berge besteigen. Doch der feine Vulkansand, der das ganze Gebiet bedeckte, machte ihm stark zu schaffen. Er kam auf den Pisten, die oftmals fast nicht zu erkennen waren, kaum vorwärts. Oftmals schaffte er nicht viel mehr als fünf Kilometer am Tag. Bald war er am Ende seiner Kräfte. Der mitgenommene Proviant begann knapp zu werden. Stürme und schlechtes Wetter zwangen ihn immer wieder, lange Zeit im Zelt zu verharren. Er glaubte schon nicht mehr aus der endlos scheinenden Ódáðahraunwüste herauszukommen. Langsam kroch Panik in ihm empor. Da hatte ihn ein Geländewagenfahrer ein gutes Stück aus dem Herz der Wüste, in das ich jetzt hinein wollte, herausgebracht. Nun stand er, wie ich, an diesem Fluss und überlegte, wie er ihn überqueren sollte. Ich fragte ihn, ob er glaube, dass der Fluss etwas abgeschwollen sei, seit er hier angekommen war.

„Nein."

„Willst Du versuchen ihn zu überqueren?"

„Ich glaube nicht, dass das zur Zeit möglich ist."

Ich überlegte. „Ich will es wenigstens versuchen."

Es überkam mich ein Gefühl des Alles oder Nichts, wie es der Spieler empfinden mag, wenn er sein ganzes Vermögen auf eine Karte setzt. Ich belud das Motorrad mit dem Gepäck und startete den Motor. Während ich ihn einige Zeit warmlaufen ließ, spürte ich, wie mein Herz gewaltig bis zum Hals hinauf schlug. Endlich wollte ich das Abenteuer wagen! Noch einmal grüßte ich über den Fluss hinweg, dann fuhr ich, ohne noch weiter zu zögern, in die Fluten hinein. Ich sah aus den Augenwinkeln, wie der Neuschwansteiner auf der anderen Seite das Schauspiel gebannt beobachtete. Würde ich es schaffen? Nun war ich innerlich ruhig. Kein Herzklopfen mehr. Ich war jetzt ganz auf dem Augenblick konzentriert.

Bis etwa zur Hälfte des Flusses ging es recht gut. Dort hatte die Strömung eine Kiesbank aufgeschüttet, die über das Wasser ragte. Auf dieser rastete ich kurz, um noch einmal die zweite Hälfte des Flusses in Augenschein zu nehmen. Nun erst sah ich, dass mir das schwerste Stück wohl erst noch bevor stand. Im ersten Gang, doch mit Schwung, fuhr ich los. Schon nach wenigen Sekunden im reißenden Fluss kamen mir die ersten Zweifel, ob ich es schaffen würde. Doch schon war es zur Umkehr zu spät. Das Wasser drückte mit solcher Macht gegen mich und mein Motorrad, wie ich es vorher kaum für möglich gehalten hätte, obwohl ich auf einiges gefasst gewesen war. Fuhr ich anfangs noch schräg auf das Ufer zu, so wurde ich von der Gewalt des Wassers bald so herumgedrückt, dass ich nun, immer schneller werdend, parallel zum Ufer, mit der

Strömung, den Fluss hinabfuhr. Irgendwann aber, das stand mir nur zu deutlich vor Augen, musste ich in tiefes Wasser gelangen, wo ich mit dem Motorrad keinen Grund mehr finden würde. Verzweifelt drückte ich mein Motorrad herum. Versuchte näher an das Ufer heran zu kommen. Noch fünf Meter, vier Meter, noch drei Meter. Da geschah es! Die Strömung fiel mich an, wie ein rasendes Raubtier. Ohne die geringste Chance auf Gegenwehr, warf sie mich und meine Maschine um. Ich tauchte unter...

Von diesem Augenblick an, drang die Realität nur mehr wie durch einen Filter in mein Inneres vor. Alles um mich herum, selbst die rasenden Strudel, die mich unter die Wasseroberfläche zogen, schienen seltsam traumhaft zu sein und waren doch zugleich von einer reinen, kristallenen Wirklichkeit durchdrungen, wie sie das normale Empfinden nicht kennt. Die Sekunden und Minuten begannen sich zu dehnen, liefen plötzlich wie in Zeitlupe ab. Mein Gehirn begann mit einer eiskalten, mathematischen Präzision zu arbeiten, wie sie mir sonst fremd ist. Kein Gefühl existierte mehr für mich. Ich empfand keine Angst, keinen Schmerz, keine Kälte. Die Gedanken reihten sich mit einer nüchternen Notwendigkeit aneinander, wie die Zahlen einer exakt zu lösenden, mathematischen Gleichung: „Ok. Jetzt ist es soweit. Das Wasser schlägt über dich zusammen... Irgendetwas klemmt deinen Fuß ein... Aha, das Motorrad... Keine Panik! Befreie Dich! Los! Mit aller Kraft. Jetzt geht es ab... Die Strömung ist verdammt stark. Erstaunlich. Selbst das schwere Motorrad wird mitgerissen... Schwimme! Kein Grund unter den Füssen? Kein Grund. Registriere! Der Neuschwansteiner läuft am Ufer mit. Ja. Endlich Grund unter den Füßen. Stemme Dich mit aller Kraft gegen die Strömung. Das Motorrad wird genau auf dich zugetrieben... Gut! Stemme Dich dagegen, sonst wird es abgetrieben.

Irgendwie gelang es mir, die Maschine und mich selbst, trotz der reißenden Strömung, wieder aufzurichten. Doch reichte meine Kraft nicht, sie auch nur einen Zentimeter vor oder zurück zu bewegen. Mit Mühe konnte ich sie gerade so in der Strömung halten, dass sie nicht abgetrieben wurde. Auch spürte ich jetzt, wie die Kälte des Gletscher-wassers, langsam all meine Kräfte aus den Muskeln sog. Lange würde ich der Gewalt des Wassers nicht mehr standhalten können!

Da aber erkannte der Neuschwansteiner mein missliche Lage und kam nun barfuß in das eiskalte Wasser gesprungen, um mir zu helfen. Wir luden zunächst das Gepäck vom Motorrad, warfen es einfach im hohen Bogen an Land. Dann gelang es uns schließlich, mit vereinten Kräften, die nun erleichterte Maschine, Stück für

Stück auf das Ufer zu zu bewegen und sie letztendlich den Strudeln und Wasserwirbeln zu entreißen.

*

Das Abenteuer war bestanden. Bald schon würde sich das Erlebte in den Archiv-kammern des Gedächtnisses unter all den abgelebten Phänomenen der Vergangenheit einreihen. Schatten des Hades, aus denen sich doch unsere gesamte Existenz aufbaut. Schatten, die oft für lange unsichtbar und verborgen bleiben und die dann plötzlich wieder auftauchen und oft lebendiger und wirklicher werden, als selbst der gelebte Augenblick der Gegenwart. Zu jenem reißenden Gletscherfluss im isländischen Hochland aber würde ich, dies war mir klar, in Gedanken noch oft zurückkehren. Was hatte jene kalte, mathematische Präzision zu bedeuten, mit der mein Gehirn Verhaltens-strategien aneinander reihte, während mein Körper von der reißenden Strömung abgetrieben wurde? Es scheint als besäßen wir psychische Organe für die Gefahr, die mit eben der gleichen natürlichen Selbstverständlichkeit arbeiten, wie etwa die Organe der Atmung oder des Blutkreislaufes. Ähnliches erlebte ich schon einmal, doch fast noch intensiver, fünf Jahre zuvor im Dachsteingebirge in Österreich. Rahmen und Handlung waren jeweils grundverschieden, doch glich sich das Erlebte im Kern.

Wenn diese Rückblende erlaubt ist, möchte ich einmal hier davon berichten, um zu verdeutlichen, was gemeint ist.

*

Damals, im milchigen Abendlicht eines schwülen Sommertages, spiegelte sich der, von grauen Gletschern umrandete Gipfel des Hohen Dachsteins in den stillen, klaren Wassern des Gosausees. Dort, auf den höchsten Punkt dieses wildzackigen Felsen-schlosses, wollten wir, ein Bergkamerad und ich, hinauf. Die Luft war heiß und von einer gewittrigen Unruhe. Manchmal grollten schon ferne Gewitter in den Bergen.

Durch dichten Nadelwald, vorbei an Wasserfällen und kleinen Waldseen, wanderten wir, ein Bergkamerad und ich, zum hinteren Gosausee. Schon hier, auf nur 1000 Metern über dem Meer, begann das Hochgebirge die Landschaft zu formen. Beschattet von den umliegenden Höhen, lagen hier auch jetzt noch, Mitte Juli, mächtige Eisfelder. Schon wich alle höhere Vegetation zurück und machte vereinzelt wachsenden Strauchgehölzen Platz. Schmelzwasser rieselte von den Eisfeldern herab und über rund geschliffenes Geröll, in den kleinen Gebirgssee. Von nun an stieg der Weg steil bergan. In engen Serpentinen wand sich der schmale

Fußpfad zur Adamekhütte hinauf, die schon auf 2169 Metern Höhe liegt. Das unablässige Steigen fühlten wir bald in den Oberschenkeln. Der Schweiß ließ mir das T-Shirt an der Haut kleben. In den umliegenden Gebirgszügen, die in der Dunkelheit wie der gewaltige Leib eines schlafenden Tieres wirkten, spielte der gespenstische Schein eines fernen Wetterleuchtens und illuminierte die aufragenden Felsriesen in einem lautlosen, natürlichen Feuerwerk. Endlich brach leichter Regen aus unsichtbaren Nachtwolken und brachte Abkühlung. Dazwischen durchzuckten vereinzelte Blitze die Dunkelheit, während Donner zwischen den Gebirgen grollte. Doch bald schon ließ der Regen wieder nach. Die Wolken brachen auf und von nun an erhellte der Vollmond unsere nächtliche Wanderung. Nun begann es empfindlich kühl zu werden. Der Gletscher sandte seinen kalten Hauch zu uns herab. Doch wir zogen die warme Kleidung, die wir im Rucksack verstaut hatten, nicht an. Es hieß steigen, steigen, steigen! Dann würden wir schon warm bleiben. Noch endlos schien sich der Weg über das Geröll hinzuziehen. Doch schließlich entdeckten wir, noch weit voraus, einen kleinen Lichtpunkt inmitten der dunklen Steinwüsten über uns. Die Adamekhütte! Mitternacht war bereits vorbei, als wir endlich, müde und ausgepumpt, die Unterkunft erreichten. Erstaunt stellten wir fest, dass sich die Hütte in einem erbärmlichen Zustand befand. In einem chaotischen Durcheinander lagen Bretter und

Balken, aufgefaserte Drahtseile, Backsteine und allerhand Werkzeug wild umher. Auch die Hütte selbst hatte nichts von der wohnlichen Herberge, die sonst den müden Wanderer empfängt, sondern glich vielmehr einem Rohbau. Sie schien gerade renoviert zu werden und nicht bewirtschaftet zu sein. Doch wir hatten ja bereits von weitem Licht gesehen und auch jetzt schien es uns als seien einzelne Räume der Hütte beleuchtet. Da keine Tür den Eingang versperrte, drangen wir ohne viel Federlesens in das Innere vor. Plötzlich leuchtete uns jemand mit einer Taschenlampe ins Gesicht. Der Mann dahinter sprach uns im schönsten Tiroler Dialekt an. Wir sagten ihm, dass wir dringend ein Quartier für die Nacht brauchten. Wir hätten ja nicht gedacht, als wir hier heraufgestiegen sind, dass die Hütte eine einzige große Baustelle sei. Der Mann war keineswegs der Hüttenwirt, sondern einfach ein Bauarbeiter, der mit der Renovierung der Hütte beschäftigt war. Kopfschüttelnd machte er seinem Staunen Luft: "Die Hund', mitt'n in d' Nocht kumman's do afi!"

Doch schließlich erhielten wir unser Nachtquartier - einen Raum mit zerschlagenen Fensterscheiben, und Wänden, die bereits von den Bauarbeitern herausgebrochen worden waren. Aber Liegen mit Strohmatratzen, sowie ein Tisch und eine roh gezimmerte Eckbank, standen noch da. So hockten wir uns also um den Tisch, wärmten uns ein dürftiges Nachtmahl und fröstelten in dem Luftzug, der vom Gletscher her, durch die zerbrochenen Fensterscheiben drang. Nachdem wir gegessen hatten verkrochen wir uns schnell in unsere Schlafsäcke und waren fast augenblicklich vor Ermüdung eingeschlafen.

Am nächsten Morgen, nachdem wir eine recht passable Nacht in der baufälligen Hütte verbracht hatten, fanden wir Dachsteingipfel und Gosaugletscher, der fast bis an die Hütte heran reichte, in dichtem Nebel gehüllt. Schweigend und unentschlossen standen wir vor der weißen, undurchdringlich scheinenden Wand. In dem diffusen Dunst konnte man kaum zehn Schritte weit sehen. Wir überlegten, ob wir bei diesem Wetter die Besteigung des Gipfels wagen sollten. Doch der Bauarbeiter, der uns gestern unser Quartier angewiesen hatte, meinte, es würde bestimmt bald besser werden. „Auf'm Gipfel ohmi hobt's as scheenste Wetter, werd's seha", meinte er und wollte sogar eine Wette darauf abschließen. Seine Worte gaben in unserer Unentschlossenheit den Ausschlag. In der Hoffnung auf besseres Wetter marschierten wir also los. Auf dem Gletscher umfing uns zuerst dichter Nebel, der die Orientierung beinahe unmöglich machte. Nur nach Kompass suchten wir tastend unseren Weg über das Eis. Wir hatten uns angeseilt und etwa zwanzig Meter vor mir wich mein Bergkamerad klaffenden Gletscherspalten aus, die oft erst spät in dem zerklüfteten

Eisgelände zu sehen waren. Vorsichtig folgte ich seinen Fußspuren über den feuchten, matschigen Untergrund. Mit dem Kompass in der Hand gab ich Richtungskorrekturen durch, die ich von der Kreisteilung ablas. Oft verschwand seine Silhouette fast vollständig in ziehenden Nebelschwaden, die geisterhaft über das milchige Weiß des Eises hinwegzogen. Der Routenführer rechnete etwa mit einer Stunde und fünfzehn Minuten, die man zur Überquerung des Gletschers benötigen sollte. Wir hatten schon fast das doppelte an Zeit gebraucht und irrten noch immer auf der endlos scheinenden Eisfläche umher. Kein Laut drang durch den dichten Nebel an unser Ohr. Kaum war in dem weißen Einerlei oben und unten zu unterscheiden. Es war als liefe man mit schweren Schritten am Grunde eines weichen Traumozeans dahin. Tausend Meilen unter der Oberfläche. Endlich tauchte aber doch aus dem diffusen Weiß von Gletscher und Nebel der graue Fels des Westgrades empor. Mehr durch Glück, als durch meine Navigationskünste mit Karte und Kompass, standen wir, als wir an das Ende des Gletschers kamen, genau vor der Oberen Windlücke, die den Einstieg zu einem Klettersteig markiert, der von hier direkt nach oben auf dem Gipfel des Hohen Dachsteins führt.

Nach einer kurzen Pause stiegen wir sofort ein und versuchten durch zügiges Klettern die verlorenen Zeit wieder ein wenig wett zu machen. Trotzdem aber mussten wir vorsichtig sein. Der Westgrad des Hohen Dachsteins, an dem wir kletterten, ist zwar mit Drahtseilen und Eisenstiften gut gesichert, doch tun sich oft tiefe Abbrüche auf und Fels und Sicherungen waren glitschig und nass und teilweise sogar überfroren. Das Kraxeln war anstrengend und nahm mir den Atem. Ich fühlte Lunge und Herz wie zwei mächtige, kraftvolle Maschinen arbeiten, um rastlos Sauerstoff durch den Organismus hindurch zu pumpen. Noch waren meine Muskeln nicht übermüdet, arbeiteten einwandfrei und brachten mich Stück für Stück nach oben. Mein Körper war mein Werkzeug, mein Kapital, das ich den Widerständen, die ich am Berg fand, entgegensetzte. Stück für Stück, immer höher ging es, bis wir endlich am Gipfel angelangt waren. Kaum waren wir aber oben, fing es an zu schneien. Es war bereits weit nach Mittag und dichte Wolken umwehten das metallene Gipfelkreuz, das, mit Drahtseilen verspannt, Wind und Wetter mühsam standhielt. Firnschneefelder lagen auf dem kleinen Gipfelplateau zwischen kantigem Fels. Ansonsten gab es nicht viel zu sehen. Dichter Nebel, der den Gipfel umlagerte, verhinderte jeglichen Ausblick in die Tiefe. Nicht lange standen wir oben auf den Gipfel, der die Dreitausendmetermarke nur um sieben Meter verfehlt. Bald schon ließ uns die Feuchtigkeit frösteln, die bereits alle Schichten unserer Kleidung durchdrungen hatte. Außerdem hatten wir auf dem Gletscher viel Zeit verloren.

Noch lag ein weiter Weg vor uns. Wir durften nicht in die Dunkelheit geraten. So machten wir uns schnell wieder an den Abstieg.

Als wir an der Ostwand des Hohen Dachsteins hinabblickten, in die Eisentritte eingelassen waren, schwindelte uns. Senkrecht, fast stufenlos, stürzte die steile Felswand bis zum Eis des Gosaugletschers hin ab. Zwischen den glitschigen Tritten klafften zum Teil fast Lücken auf Manneslänge, so dass man sich beinahe wie ein Trapezkünstler von einem zum anderen hinab hangeln musste. Drahtseilsicherungen gab es keine. Zwar war oben am Einstieg ein Abseilring einzementiert, aber weder hatten wir an Abseilachter gedacht, noch auch hätte unser 20 Meter Seil bis zu dem ersten Felsvorsprung hinab gereicht, der von hier oben einzusehen war und auf dem etwa zwei Mann nebeneinander bequem Platz zum Stehen gefunden hätten. Also hieß es, sich ohne Sicherung über die rutschigen Eisentritte hinab zu tasten. Nach einigen Zögern stieg ich voran. Ich versuchte mich ganz auf die Motorik des Kletterns zu konzentrieren. Kein Gedanke an die Gefahr, keine Angst durfte in meinem Gehirn empor keimen und mich ablenken. Der Wille ist gespannt bis zum Äußersten. Das Denken und das Sein reduzieren sich ganz auf dem Augenblick. Nur die Tätigkeit des langsamen vorsichtigen Hinabtastens,

Hinabsteigens erfüllt das Bewusstsein. Als ich auf dem ersten Felsabsatz angekommen war, folgte zögernd mein Bergkamerad. Mit angehaltenem Atem folgte ich zögernd seinen Bewegungen. Dann, als er bei mir angekommen war, war wieder ich mit Klettern an der Reihe. Meter um Meter tastete ich mich hinab, bis wir endlich beide glücklich den Hallstadtgletscher erreicht hatten. Dort verschlechterte sich das Wetter bald noch mehr. Schnee und Schneeregen wechselten einander ab. Vom scharfen Gletscherwind wurden uns die eisigen Wassertropfen unangenehm ins Gesicht geweht. Trotz Regenkleidung waren wir bald bis auf die Haut durchnässt. Auch der Rucksack nahm mehr und mehr an Gewicht zu, da sich die ganze darin befindliche Ausrüstung immer mehr mit Wasser vollsog.

Als wir den Gletscher überquert hatten und an dessen Rand gekommen waren, ging es einen weiteren Klettersteig, den Hunerkogel, hinab, bis wir am Fuße des Gletscherplateaus wiederum an ein steil abfallendes Schneefeld gelangten. Die Steigeisen hatten wir vorher beim Abstieg über den felsigen Rücken des Hunerkogels abgeschnallt und im Rucksack verstaut. Nun, längst müde und erschöpft, waren wir zu bequem den schweren Rucksack abzusetzen und die Steigeisen erneut heraus zu kramen. Auch waren bereits beide, vom Hersteller schlampig verarbeitete, Bindungen defekt, so dass die Steigeisen nur mehr lose und unsicher am Schuh zu befestigen waren. So stiefelten wir also der schmalen, ausgetretenen Spur entlang, die im oberen Drittel des Schneefeldes, parallel zu einer schemenhaft im dichten Nebel erkennbaren Felswand, über das Schneefeld hinüberführte. Irgendwann musste bald die Dachstein-Südwandhütte, unser Tagesziel, auftauchen. Meine Gedanken eilten voraus. Bescheidene Wunschträume machten sich breit: 'Endlich irgendwo im Warmen sitzen - die Kleider trocknen lassen – ein heißes Abendessen...'.

Plötzlich verlor ich den Halt. Mein Wanderstock rutschte weg ins Leere. Ehe ich mich versah, lag ich schon auf dem Rücken und rutschte, rasch schneller werdend, über den eisigen Firnschnee hinab in die Tiefe. Kaum konnte ich mehr als 20-30 Meter des steilen Firnhanges überblicken, denn noch immer lag die Umgebung im dichten Nebel verborgen. Irgendwo hinter dem Nebel, so schoss es mir durch den Kopf, warteten wohl Abgrund und Sturz. Verzweifelt versuchte ich die Hacken in den glatten Firnschnee hineinzustoßen, um die schnelle Fahrt abzubremsen. Doch die Bergstiefel fanden keinen Halt. Vergeblich mühten sich die Hände, an denen noch die mit Schlaufen gesicherten Wanderstöcke baumelten, irgendetwas zu finden, an denen sie sich hätten festhalten können. Doch wie man in Albträumen oft vergeblich vor etwas unnennbar Schrecklichem flieht und trotz verzweifelter Anstrengung nicht von der Stelle gelangt, während ein unsichtbarer Verfolger immer näher kommt, so griffen meine Hände, wirkungslos ins Leere, oder in den harten, abweisenden Firnschnee. Angst hatte ich während des schlitternden, rasenden Sturzes jedoch keine. All meine geistigen Kräfte waren gänzlich auf die Wahrnehmung der Umgebung, auf die Einordnung und Beurteilung der Situation fixiert. Mit der Konzentration des Jägers, der das Wild beschleicht, lauerte mein Verstand auf jedes kleinste Anzeichen der Rettung. Für Angst oder irgendeine andere Empfindung blieb kein Platz. Gleichzeitig mit dieser Verengung des Geistes auf den Augenblick, steigerte sich auch die Intensität der Wahrnehmung. Wobei die Farbwahrnehmung verlor, die Wahrnehmung von Formen und Konturen der Umgebung hingegen bis weit über das gewöhnliche Maß hinaus gesteigert wurde. So erinnere ich mich etwa daran, dass ich, als ich an mir herabsah um die, mit schweren Bergstiefeln bewehrten Füße zu beobachten, wie sie sich vergeblich bemühten Halt in dem Firnschnee zu finden, die Farbe meiner Regenhose als ein, gegenüber der Umgebung, etwas tieferes Grau empfunden hatte, obwohl sie in Wirklichkeit hellblau war. Die Formen der kristallenen Eisstücke hingegen, die durch meine Füße von dem Schneefeld abgesprengt worden waren, blieben mir bis heute auf das Genaueste im Gedächtnis haften. Die

Zeit verengte sich ganz auf die Gegenwart. Es gab keine Vergangenheit mehr. Keinen Kameraden, der oben auf dem Schneefeld meinen Sturz verfolgte, keine Gipfelbesteigung zuvor, keine Kindheit und kein Zuhause. Das alles hatte im Moment keinen Platz mehr in meinem Geist. Die Zukunft war nur noch ein graues Gespenst, ein halb unbewusst vernommenes Konglomerat einiger weniger Möglichkeiten. So dehnte sich die Gegenwart, sonst zwischen Vergangenheit und Zukunft komprimiert, über das gesamte Zeitempfinden aus und übertönte fast jedes Bewusstsein von Vergangenheit und Zukunft.

Das vernünftige Denken hingegen beschäftigte sich einzig mit der Analyse der Situation. Mit mathematischen Kaltblütigkeit und Präzision, in etwa so, wie man eine schwierige algebraische Gleichung angehen würde, nur mit einer viel größeren Klarheit, Schnelligkeit und Konzentration, suchte der logische Verstand nach Mitteln und Wegen dem Verhängnis zu entfliehen. Für Gefühle hingegen blieb nicht der geringste Raum. Selbst der mögliche Tod, wurde mit sachlicher Nüchternheit vom Verstande erwogen und in das Kalkül, als m o d u s   o p e r a n d i, mit einbezogen.

Plötzlich, vor mir, sah ich aus dem Eis ein kleines, vielleicht vier bis sechs Quadratmeter großes Geröllfeld ragen. „Das ist deine Chance!", schoss es mir mit hellsichtiger Klarheit durch das

Gehirn. Mit aller Kraft und mit, bis zum

Äußersten gespannten Willen, krallte ich mich in das graue, mit grünen Flechten gesprenkelte Geröll. Kindskopfgroße Steinbrocken, die ich wie in Zeitlupe verfolgte, stoben über mich hinweg, ohne mich jedoch zu treffen. Mit wilder Kraft und Verbissenheit schlug ich die Hacken in das lose Gestein, krallte mich mit den behandschuhten Händen an scharfkantigen Felsbrocken fest. Und erst jetzt, plötzlich, stieg auch die Angst in mir empor. Angst, dass alle Anstrengung umsonst sei und das lose Gestein meinen schlitternden Sturz nicht abbremsen würde. Diese Angst verlieh mir nun doppelte Kraft. Und allein darauf kam es an! Noch verbissener krallte ich mich fest. Mögen sich Hände und Rücken blutig reißen. Gleichgültig. Nur halten, halten, halten und bremsen, bremsen, bremsen, hieß die Devise. Und tatsächlich, plötzlich, mit einem harten Ruck und beinahe unerwartet, lag ich still, schmiegte mich an den harten, kalten Schotter wie an eine Geliebte. Lange, lange lag ich da, ohne mich zu rühren. Es war als müsste ich aus weiter, weiter Ferne erst langsam zu mir zurückkehren. Wie an etwas fremden, leblosen blickte ich an meinen ausgestreckt daliegenden Arm entlang nach rechts. Noch immer hing der Wanderstock an der gelben Schlaufe am Armgelenk. Die Hand, mit den grauen Wollhandschuh, hatte sich in wilder Anstrengung in den losen Schotter eingegraben und verkrampft. Es war mir beinahe so, als sähe ich die Bilder wie im Traum. Noch immer benommen und fast wie in Trance blickte ich an meinem Körper entlang nach unten. Mein linkes Bein lag, in einem seltsamen Winkel nach außen gedreht, da. Ich bewegte das Bein probehalber. Es ging. Ich streckte es ein paarmal durch und zog es wieder an. Kein Schmerz!

Augenscheinlich war es, trotz des seltsamen Winkels, in dem es dagelegen hatte, nicht verletzt. Erst mit dem Gedanken: „Das muss aber von oben seltsam ausgesehen haben, wie ich da so lange mit dem abgewinkelten Bein dalag, ohne mich zu rühren", kehrte ich vollends in die Wirklichkeit zurück. Nun kam mir auch wieder mein Kamerad ins Bewusstsein, der sicherlich noch immer oben auf dem ausgetrampelten Schneepfad stand und sich wohl schon Sorgen um mich machen würde. Ich wendete mich im Liegen um, blickte hinauf. Dort, ganz weit oben stand er als winzige Silhouette. Ich winkte ihm zu, schrie hinauf: "Ich bin o.k.! Ich bin o.k.!" Ich sah wie er seinen Arm bewegte und zurück winkte. Später erzählte er mir, dass er mir, als ich schier eine Ewigkeit regungslos in dem kleinen Geröllfeld gelegen hatte, einige Male die Frage zugerufen hatte, ob ich in Ordnung sei. Doch sein Zuruf drang wohl an mein Ohr, doch nie bis ins Bewusstsein vor. Alles um mich herum war stumm gewesen. Es schien als wäre ich durch unendliche Fernen von der übrigen Welt abgetrennt gewesen.

Auch für ihn war alles erschreckend plötzlich und überraschend geschehen. Er war vor mir gegangen. Als er plötzlich ein schlitterndes, schleifendes Geräusch hinter sich hörte, hatte er sich umgedreht. Da war ich schon etliche Meter den steilen Abhang hinunter geschlittert gewesen. Ohne etwas tun zu können, musste er zusehen, wie

ich immer rascher und rascher den steilen Abhang hinabsauste. Er erzählte mir später, dass ihm die fast völlige Geräuschlosigkeit, mit der ich den Abhang hinabgerutscht war, entsetzlicher und unheimlicher gewesen war, als wenn ich Schreie des Entsetzens und der Angst von mir gestoßen hätte. Auch die eisige, neblige Umgebung schien, gleichgültig und unberührt von dem Ereignis, trotzig zu schweigen. Nur das schleifende Geräusch der über das Eis schlitternden Plastikregenbekleidung war zu hören. Diese Stille stand in seltsamer Diskrepanz zur menschlichen Dramatik des Geschehens. In solchen Augenblicken geschieht es, dass Risse in der Oberfläche der Wirklichkeit auftreten und sichtbar werden. Die Welt zeigt sich in ihrer diametral entgegengesetzten Polarität. Ein für die beteiligten Menschen höchst dramatisches und bedeutsames Geschehen findet keine rechte Entsprechung in den äußeren Erscheinungen, in den sichtbaren Abbildungen der Wirklichkeit. Der Kosmos scheint in solchen Augenblicken dem Schicksal des

Menschen gleichgültig gegenüberzustehen. Ein Absturz in den Bergen kann völlig lautlos geschehen. Der Bergsteiger hört ein schlitterndes, schleifendes Geräusch hinter sich. Bis er sich umdreht ist sein Kamerad von uneinsehbaren Abgründen verschluckt, ist tödlich verunglückt. Plötzlich allein lauscht er der gleichgültigen Stille der Berge. Das wirkt fürwahr unheimlich und erschreckend.

Selbst den großen Katastrophen des Menschengeschlechts scheinen keine Zeichen mehr am Himmel voranzugehen. Zeichen und Symbole soweit es sie noch gibt, entspringen nicht mehr dem Kosmos, sondern der Menschenwelt selbst, insbesondere der technischen Sphäre. So steht etwa der Untergang der Titanic als Symbol und Menetekel über dem ganzen Zeitalter der Technik. Die Erde erscheint dem modernen, materialistisch ausgerichteten Verstand nur noch als winziges Stäubchen im unendlichen, gleichgültigen All. Einst war das anders. Die Großen des Menschen-geschlechts hatten immer auch Anteil an der Macht des Kosmos. Bei der Geburt Alexanders bebte die Erde, ebenso als Jesus am Kreuz starb. Seine Geburt kündete der Stern von Bethlehem. Selbst noch Napoleon sprach von seinem Stern. So lange dieser ihm leuchte, könne ihn nichts aus der Bahn werfen. Sank dieser Stern jedoch, würde ein Stäubchen zu seinem

Untergang genügen. Der Beispiele ließen sich noch viele anführen. Die Astrologie war nichts anderes als die Verkörperung dieser alten Vermutung um die Zusammenhänge zwischen Menschenschicksal und den Mächten des Kosmos. Doch diese Sicherheit ging uns verloren. Die Reinkarnation der Astrologie, das Auftauchen ihres verzerrten Spiegelbildes in Boulevardblättern und Fernsehsendungen, zeugt jedoch von der Sehnsucht der Menschen die alten Schließungen mit den kosmischen Mächten wieder herzustellen, wie auch von der Unmöglichkeit die alten Wege erneut zu beschreiten. Doch die Kernfrage bleibt brennend aktuell: Wie können wir die Fühlung mit den kosmischen Mächten zurückgewinnen? Oder besser: Wie können wir erneut Fühlung mit den kosmischen Mächten aufnehmen? Nur so viel sei gesagt. Der Schlüssel hierfür liegt, so meine ich, wohl nicht mehr in den großen, kosmischen Zusammenhängen verborgen, auch nicht mehr bei den Großen und Mächtigen, oder dem Menschengeschlecht als solchem, sondern in der Seele jedes Einzelnen. In der Welt von heute, in der in jeder Hinsicht die Masse die Vorherrschaft besitzt, wird jeder auf sich selbst zurückgeworfen, um nicht in eben dieser Masse unterzugehen. Nur im Innersten jedes Einzelnen können die kosmischen Mächte als verwoben mit dem Menschen und der Mensch wiederum als verwoben mit den kosmischen Mächten, erlebt werden. Teresa de Avila spricht von der Seele als einer kristallenen Burg. In den innersten Gemächern findet die Zwiesprache mit Gott statt.

Doch ich schweife ab. Noch habe ich mein Erlebnis nicht zu Ende geschildert. Noch bleibt von Wesentlichem zu berichten. Unten auf dem Geröllfeld lag ich noch eine gute Weile einfach so da, ohne ans Aufstehen zu denken. Die ungewöhnliche Schärfe und Intensität der Wahrnehmung, die ich bereits während des schlitternden Sturzes beiläufig an mir registriert hatte, hielt noch minutenlang, in leicht verminderter Qualität, an. An jedes Detail der Landschaft, an das Schwarzweißmuster, das Licht und Schatten in die Eisrinne unter mir zeichneten, an das Grau der vereinzelt aus dem Eis ragenden Felsen, an Muster der Verwitterung im Firn, saugte sich meine Wahrnehmung fest als wäre all das neu, als hätte ich all das nie gesehen. Das hatte etwas von Wiedergeburt und neuem Anfang. Plötzlich, und für Augenblicke nur, riss rechts unter mir der dichte Nebel auf und gab den Blick frei auf eisloses, grünes Gelände. Grün nach all dem trostlos eintönigen Weiß, gemischt aus Nebel und Eis! Ich konnte einen Pfad erkennen, der sich über die ganze Almwiese dahin schlängelte. Gleichnisse schossen mir in diesen Augenblick durch den Kopf, so wie jenes von dem schmalen Himmelspfade, der ins Paradies führt. Das grüne Land dort unten war mir Verheißung und Ziel. Und obwohl die Dachstein-

Südwandhütte, unser eigentliches Ziel, nicht weiter als allenfalls ein paar hundert Meter entfernt sein konnte, beharrte ich doch gegenüber meinem Kameraden eigensinnig darauf, dass wir über die steile Eisrinne zu dem grünen Hügelland hinab steigen sollten. Also kam er, nach kurzem Zögern, über den Firnabhang zu mir herab. Als er nun da war und ich endlich aufstand, merkte ich, dass meine Regenkleidung am Hosenboden von dem Sturz völlig zerfetzt war. Sonst hatte ich jedoch keinerlei Blessuren davongetragen. Vorsichtig stiegen wir über das Schneefeld ab. Bei jeden Schritt schlugen wir die Hacken fest in den Firn ein, bohrten die eisenbewehrten Spitzen unserer Wanderstöcke tief in den Schnee. Endlich erreichten wir den Pfad, den ich vorhin von oben gesehen hatte. Nun wanderten wir endlich wieder durch dichte, wenn auch nicht hohe Vegetation, durch herrlich saftiges Almgras, an dem der Nebel in dichten Tautropfen kondensierte. Hier war wieder Raum für Leben! Das nackte, lebensfeindliche Eis und Felsland lag hinter uns. Und als wir schließlich über eine Anhöhe stiegen, sahen wir die Türlwandhütte im Regen unter uns daliegen. Nur mehr ein paar Minuten mussten wir gehen, bis wir völlig durchnässt und erschöpft unsere Unterkunft für die Nacht erreichten. Wenig später wärmte uns ein bullernder Kachelofen und trocknete unsere Kleider, die wir, bis auf die Unterwäsche, über die schmiedeeisernen Lüftungsgitter unserer Schlafstube gehängt hatten. Das Abenteuer, das hinter uns lag, war nur noch Erinnerung. Freilich, vergessen würde ich die Erlebnisse dieses Tages sicherlich niemals. Solcher Ereignisse schlagen Kerben in das Gedächtnis. Die Lebensmaterie formiert sich neu. Wir sind nicht mehr dieselben wie vorher. Jede starke Berührung mit den stärksten Mächten des Lebens, wie etwa dem Tod, der Liebe oder auch der Schönheit, verändert immer auch unser innerstes Wesen in einem gewissen Grade. Wir wachsen nur, wenn wir Fühlung mit den Kraftfeldern des Lebens haben. Und dies allein schon legitimiert den hohen Einsatz.

Abb. 8: An der reißenden Furt

Abb. 9: Am wilden Wassern

Abb. 10: Reparaturversuche nach dem Bade im Fluss

Zu berichten bleibt noch, wie ich wieder der Wüste und dem Wasser entkam. Nachdem wir das Motorrad geborgen hatten, sah ich gleich, dass ein weiteres Vordringen in die Òðaudahraunwüste unmöglich sei. Das Motorrad hatte das Bad im Fluss natürlich nicht unbeschadet überstanden. Der Motor war mit schlammigen Flusswasser vollgelaufen. Der Lenker war gebrochen und bis hinab zum Tank verbogen. Ich sah das mit einem Gefühl des Besiegtseins. Mit dem Gefühl eines Verlierers, in einem ausgeklügelten Spiel gegen übermächtige Naturgewalten.

Nicht lange nachdem wir das Motorrad aus dem Fluss geborgen hatten, kamen zwei Isländer mit einen jener gigantischen Pick-up Trucks, wie sie hier gerne gefahren werden, vorbei. Das war Glück, den sie boten mir an, das Motorrad auf die Ladefläche ihres Gefährts zu verladen und es zurück an jenes Ufer zu bringen, von dem aus ich meine gefährliche Flussdurchfahrt begonnen hatte. Vor mir lag die Òðaudahraun, die ich mit dem demolierten Gefährt nicht mehr durchqueren konnte. Von der anderen Seite des Flusses aus, konnte ich mich aber irgendwie zurück zum Myvatn und in die Zivilisation durchschlagen. Also nahm ich das Angebot dankend

an. Zu viert hievten wir also das schwere Motorrad auf die
Ladefläche des Pick-up Trucks und nun bahnte sich das Fahrzeug
mit seinen riesigen Geländereifen spielend einen Weg zurück durch
die Fluten, an denen ich so kläglich gescheitert war. Auch der
Neuschwansteiner und sein Fahrrad bekamen eine kostenlose
Passage durch den reißenden Fluss. Auch boten sie ihm an, sein
Fahrrad hinten auf die Ladefläche zu schmeißen und ihn ein Stück
mitzunehmen. Ich bedankte mich bei den beiden Isländern und
verabschiedete mich herzlich von dem Neuschwansteiner, der mich
gerettet hatte. Dann stand ich wieder allein in der Stille des
isländischen Hochlandes.

*

Eines war klar, ich musste versuchen, hier herauszukommen,
musste versuchen, mich zurück zum Myvatn durchzuschlagen. Also
versuchte ich, mit den bescheidenen Mitteln, die mir hier zur
Verfügung standen, das Motorrad wieder in Gang zu bekommen.
Der Motor war zunächst das Wichtigste. Was mit dem Lenker
geschehen sollte, darüber konnte ich mir später Gedanken machen.
Also lies ich zunächst das Motoröl ab. Mangels eines anderen
Auffangbehälters musste einer der beiden Gepäckkoffer als solcher

dienen. Knapp einen Liter frischen Motoröls hatte ich als Reserve dabei. Den füllte ich in den Motor ein. Nachdem ich einige Zeit gewartet hatte, bis sich die gröbsten Sedimente aus dem Fluss abgesetzt hatten, schöpfte ich das restliche Motoröl, das ich noch benötigte, von dem alten, abgelassenen Öl ab und füllte so die noch fehlende Menge in das Getriebe. Dann schraubte ich die Zündkerze aus, trocknete und reinigte sie, so gut ich es vermochte. Dann versuchte ich den Motor zu starten. Vergeblich! Alle meine Anstrengungen blieben umsonst. Der Motor gab kein Lebenszeichen mehr von sich. Am Abend kam dann einer der beiden Motorradfahrer vorbei, denen ich an der anderen Furt geholfen hatte. Meine Misere hatte sich bereits bis zu ihnen herumgesprochen. Er bot mir an, mich zurück zum Myvatn zu bringen. Nachdem ich kurz überlegt hatte, nahm ich das Angebot dankend an. Das Motorrad musste eben einstweilen hierbleiben. Auch das meiste Gepäck. Dann ging es als Sozius zurück in die Zivilisation.

*

Am Myvatn verbrachte ich die nächsten zwei Tage damit, die Bergung des verlassenen Motorrads zu organisieren. Ein Autofahrer mit einem Mercedes G – Modell erklärte sich schließlich bereit, mit seinem Fahrzeug das Motorrad zu holen. Von einem isländischen Bauern bekamen wir einen selbstgebauten Hänger geliehen. Dann ging es los. Nach immerhin zehn Stunden Fahrt, waren wir mit dem geborgenen Motorrad wieder zurück am Myvatn. Am nächsten Tag wusch ich dann, in einer Werkstatt, den Motor, so gründlich es ging, mit Benzin aus. Füllte frisches Öl auf, das ich, nachdem der Motor für ein paar Minuten gelaufen war, mehrmals wechselte. Den Lenker bog ich wieder einigermaßen gerade. Dann schweißte ein isländischer Mechaniker die Bruchstelle. Einen Tag bevor die Fähre in Seyðisfjörður ablegte, auf der ich die Heimfahrt gebucht hatte, war das Motorrad wieder fahrbereit, so dass ich gerade noch rechtzeitig zur Abfahrt am Kai angelangte. Von den Anstrengungen und Abenteuern müde, stand ich schließlich an der Reling des Schiffes und blickte zurück auf die kleiner werdende isländische Küste. Ich nahm Abschied von diesem schönen, wilden Land. Als wir schon weit draußen auf See waren, warf ich eine Münze in die glitzernden Fluten und sandte den Wunsch hinterher, in dieses Land zurückkehren zu dürfen, dass mich besiegt hatte und das mir doch so viel Selbsterkenntnis zu Teil werden ließ.

2000

Mit starken Kopfschmerzen erwacht. Die Luft in den engen
Kabinen ist zum Schneiden dick. Nach einem längeren Aufenthalt
an Deck, umweht von einer frischen atlantischen Brise, war mein
Kopf aber bald wieder frisch und klar.

*

Das Meer spielt in den verschiedensten Farben. Golden flimmern
die Wellen auf, wo ein gebündelter Sonnenstrahl durch die Wolken
fällt und auf das Wasser trifft. Von Aquamarinblau, bis hin zu einem
dunklen Preußischblau, das schon ins Schwarze hinüberreicht und
fast der Farbe sehr dunkler Tinte gleicht, umgibt der gemusterte
Teppich des Meeres das Schiff, das zu dem Farbenkonzert noch das
Weiß der Fahrwassergischt hinzufügt. Eine Möwe umstreicht
einsam das Heck des Schiffes. Ab und zu taucht schemenhaft ein
Ölturm am Horizont auf. Leuchtend zieht ein weißes Segel am
Horizont vorüber. Um vier Uhr Nachmittags passierten wir die
Shettland-inseln, die auf 56° nördlicher Breite liegen. Die Uhr

wurde um eine Stunde zurückgestellt.

*

Ich verbringe den Tag träumend und lesend an Deck im Liegestuhl, hohle mir nur ab und zu einen Kaffee aus der Schiffsbar. Gerade habe ich einen Aufriss über die Geschichte der Faröer-Inseln gelesen, die wir bald erreichen werden. Im neunten Jahrhundert kamen die ersten Nordmänner aus Norwegen über das Meer und siedelten sich auf den Inseln an. Grim Kamban soll der erste gewesen sein, der mit seiner Sippe auf den Inseln Land nahm. Er war vor der Macht Harald Schönhaars geflohen, der die freien *bœndr,* die Großbauern und Sippenoberhäupter des Landes, tributpflichtig gemacht und eine zentrale Königsmacht etabliert hatte. Etwas, was es bis dahin noch nicht gab und was viele *bœndr* nicht hinnahmen. Sie wanderten aus. Nach Island oder eben auf die Faröerinseln.

Rund zweihundert Jahre zuvor, waren schon irische Mönche in Lederbooten, den Curraghs, über das Meer gekommen und hatten, wie Antonius in der Wüste, auf den Inseln als Einsiedler gelebt. Sie

Abb. 11: Die Küste der Faröer Inseln

waren es auch, die ihre Schafe auf die Inseln mitbrachten und den Eilanden, mitten im rauen Nordatlantik, den Namen gaben, den sie auch heute noch tragen. Denn Faröer heißt nichts anderes als „Schafsinseln."

Als die wilden Nordmänner kamen, zogen sich die Mönche zurück. Die Wikinger lebten hier, wie sie es zuhause auch getan hatten. Als Bauern und in Sippen, die den Einzelnen Halt und Stellung gaben, ohne seine Individualität zu unterdrücken. Um das Jahr 1000 herum, kam es zwischen Sigmundur Brestisson von der Insel Skúvoy und Tróndur i Gøta aus Eysturroy zu einem Machtkampf, der die Weichen für die weitere Geschichte der Inseln stellen sollte. Sigmundur Brestisson war zuvor vom norwegischen König zum Christentum bekehrt worden, das sich um diese Zeit anschickte, auch der nordische Welt den einen, einheitlichen Glauben des restlichen Europas zu bringen, die bis dahin den heidnischen Göttern, wie Thor, Odin oder Frigg treu geblieben war. Auf der Versammlung aller freien *bændr,* dem Thing, wollte Sigmundur erreichen, dass alle Färinger den christlichen Glauben annehmen und sich unter die Herrschaft des norwegischen Königs Olaf Tryggvason stellen sollten. Doch scheiterte er damit zunächst. Es gab noch zu viele Färinger, die die alten Götter und die alten Freiheiten nicht aufgeben wollten. Zu deren Wortführer schwang sich Tróndur i Gøta auf. Vor dem nächsten Thing, bei dem noch einmal über die Sache verhandelt werden sollte, überfiel Sigmundur Bretisson den Hof seines Gegners und nahm Tróndur gefangen. Vor die Wahl gestellt den christlichen Glauben anzunehmen oder zu sterben, ließ sich Tróndur bekehren. Von dem handstreichartigen Sieg Sigmundurs beeindruckt, und ihres mächtigsten Fürsprechers beraubt, nahmen daraufhin auch alle anderen *bændr* den neuen Glauben an. Doch die Machtkämpfe zwischen den Sippen waren damit noch nicht beendet. Beide, sowohl Sigmundur Brestisson, als auch Tróndur i Gøta fanden in den folgenden Auseinandersetzungen den Tod. Nutzen von der Zerstrittenheit der Färinger hatte allein der norwegische König. 1035 konnte König Magnus I den Färinger Leifur Øssurson, einen nahen Verwandten von Tróndur i Gøta, zum alleinigen Lehnsherrn über die Inseln ernennen. Die Unabhängigkeit der Inseln war damit beendet.

Im Mittelalter unterhielten die Färinger enge Handelsbeziehungen zum Festland, insbesondere zu Norwegen, aber auch zur norddeutschen Hanse. Häufige Missernten aufgrund der schwierigen Klimabedingungen, sowie die Baumlosigkeit der Inseln führte dazu, dass viele Waren des täglichen Bedarfs, wie etwa Holz oder Getreide, exportiert werden mussten. Im Tausch dafür gaben die Fäinger die Wolle ihrer Schafe. So kam bald das geflügelte Wort auf: „Ull er føroyar gull – Wolle ist das Gold der Faröer."

*

Seltsam ist das geschichtliche Schauspiel, das sich im 16. Jahrhundert auf den Inseln abspielte. Unternahmen Wikinger noch ein paar Jahrhunderte zuvor, auch von den Faröerinseln aus, ihre Beutezüge in Richtung des europäischen Kontinents, so überfielen nun mehrfach englische, irische, französische und sogar türkische Piraten die Inseln. Auf das so friedlich scheinende Meer hinaus blickend, wurde diese lang zurückliegende Epoche in meiner Phantasie wieder lebendig. In meiner Vorstellung wanderte ich mit einem blonden Mädchen, es mochte vielleicht dreizehn Jahre alt sein, über die grünen Weiden der Faröerinseln. Elín hieß sie. Eines Morgens im kurzen nordischen Sommer brach sie von zuhause auf, um nach den Schafen ihrer Familie zu sehen. Nie hatte sie etwas anderes gesehen als die regenverhangenen Berge ihrer Heimat. Nie war sie mit anderen Menschen zusammengetroffen, als mit den paar Einwohnern ihres Dorfes. Fröhlich kletterte sie die steilen Hänge hinauf, auch wenn der stetige Nieselregen sie bald bis auf die Haut durchnässt hatte. Sie war seit ihrer Kindheit daran

gewöhnt, zog allenfalls ihren wollenen Schal fester um die
Schulter. Einen glücklichen, halben Tag verbrachte sie bei ihren
Schafen. Noch halb in Kindergedanken gefangen, noch halb in
Kinderspiele verliebt, doch schon das Nahen ihres Frauseins
spürend. Auf dem Rückweg begann sie ein Lied halblaut zu singen.
Ein Lied mit vielen Strophen. Bis es zu Ende sein würde, wäre sie
zuhause. Dann würde sie zu Mittag essen. Auch Hunger war sie
gewöhnt. Vor allem im Winter. Doch jetzt gab es genug. Fisch und
Milch und auch verschiedene Früchte von den Feldern. Und
darüber war sie glücklich. Sang noch ein wenig lauter, sang noch
ein wenig fröhlicher. Als sie über die letzte Hügelkuppe wanderte
und das Dorf ihrer Kindheit, das Dorf ihrer Eltern vor sich sah,
merkte sie sofort, dass etwas nicht stimmte. Rauch und Flammen
stiegen von den Dächern der Häuser auf, Menschen, klein wie
Punkte, lagen am Boden und rührten sich nicht mehr. Schreie
drangen halb erstickt zu ihr herüber. Dazwischen rannten fremde
Menschen in fremder Kleidung umher, oder schleppten viele Dinge
aus den Häusern heraus, die sie alle auf einen Haufen warfen. Panik
überkam sie. Ohne zu merken wohin, rannte sie los. Nur weg von
den Fremden, nur Weg von den Schreien. Das Rauschen des
Meeres, an dem sie entlang lief, hörte sie kaum. Sie sah nicht nach
hinten, sie sah auch kaum weiter nach vorn, als ein paar Schritte
vor ihren Füßen. Nur gerade so weit, dass sie nicht über

irgendeinen Stein stolperte und hinfiel. Sie merkte erst, dass sie in eine Falle gelaufen war, als es schon zu spät war. Natürlich hatten die Piraten ihre Boote, mit denen sie vom Schiff übergesetzt waren, nicht weit vom Dorf, am Strand, festgemacht. Und natürlich hatte man dort auch einige Wachen zurückgelassen. Sie sah diese erst, als sie ihnen beinahe schon in die Arme gelaufen war. Der Weg am Meer entlang war ihr versperrt. Also floh sie instinktiv in Richtung des Landesinneren. Als sie einmal zurück blickte, merkte sie, dass einer der Männer sie verfolgte. An einen glitschigen Steilhang angekommen, versuchte sie diesen zu ersteigen. Einen anderen Weg gab es nicht. Doch gab es kaum Halt. Immer wieder rutschte sie einige Meter zurück, obwohl sie das Klettern auf den feuchten Steilhängen ihrer Insel gewohnt war. Nun hatte sie der Fremde eingeholt. Nicht kletternd, sondern mit einem beherzten Sprung, setze er ihr nach und bekam sie am Knöchel zu fassen. Mit seinen Gewicht am Bein rutschte sie vollends wieder hinab, bis zu den Kieseln des Strandes. Über diese schleifte der Kerl sie nun, sie noch immer am Knöchel gepackt, bis zu den Booten und den anderen Männern, die die Szene ruhig aus der Ferne beobachtet hatten. Ohne langes Zögern fesselte man sie und warf sie in eines der Boote wie einen Sack. Da lag sie nun. Keuchend von der Rennerei. Der Rücken und die Beine zerschunden und weinte. Sie begriff nicht was ihr da geschehen war. Noch am Morgen, noch vor einer Stunde, war sie doch glücklich durch die Welt gelaufen, hatte gesungen und sich auf Kleinigkeiten, wie ihre Schafe, oder das Mittagessen gefreut. Nun lag sie hier in diesem fremden Boot, zerschunden und weinend. Ihre Wunden brannten von dem Meerwasser, das ein paar Zentimeter hoch im Boot stand und sie glaubte vor Angst sterben zu müssen. Die Unerbittlichkeit des Schicksals, war kaum zu ertragen für ihr Kinderherz. Und in ihrer Angst betete sie leise zu Gott, er möge sie doch sterben lassen, bevor einer der Männer ihr etwas antun würde.

Die Überfahrt mit dem fremden Schiff erschien Elín wie eine Ewigkeit. Eingesperrt in einem dunklen, stickigen Laderaum konnte sie kaum den Tag von der Nacht unterscheiden. Immerhin hatte man ihr die Fesseln gelöst. Nur die Luke des Laderaums war verriegelt. Aber selbst wenn diese offen gewesen wäre, wohin hätte sie fliehen sollen, hier auf dem offenen Meer? Zum Essen und trinken gab man ihr brackiges Wasser und madiges Brot, das sie Anfangs verschmähte, das der Hunger aber bald hinunter trieb. Wahrscheinlich hatten auch die Seeleute selbst nichts anderes. Zur Notdurft hatte man ihr einen hölzernen Eimer hingestellt, der geleert wurde, wenn man ihr neues Wasser und Brot brachte. Ansonsten ließ man sie in Ruhe. So hatte sie unendlich viel Zeit ihren Gefühlen und Gedanken nachzuhängen. Lange Tage und

Wochen saß sie so in ihrem Gefängnis. Die Zeit endlos scheinend wie der Ozean selbst. Es schien ihr, als wäre sie in einer Zwischenwelt gefangen. Nicht mehr richtig am Leben und noch nicht ganz tot. Das Leben auf ihren Inseln war nur mehr ferne Erinnerung. Beinahe schon wie aus einem früheren Leben. Sie wusste instinktiv, sie würde ihre Heimat wohl nie mehr wiedersehen. Von ihren Eltern, von ihren Geschwistern, wusste sie nicht, ob sie noch am Leben waren oder von den Piraten erschlagen, die sie gefangen hatten. Darüber weinte sie oft bitterlich. Und an die Zukunft, an ihre eigene Zukunft, wagte sie gar nicht zu denken. Sie würde ihr sicher nichts Gutes bringen. So war ihre ganze Welt reduziert auf den Augenblick und auf die Finsternis, die sie umgab. Eine Finsternis, die sie zuerst sehr fürchtete, die ihr aber mehr und mehr wohl tat, die sie schließlich einhüllte und umschmeichelte und am Ende der langen Fahrt schon beinahe zu ihrer Freundin geworden war.

Wie ein Schock traf es sie daher, als sie aus dem schützenden Bauch des Schiffes, pressend und passiv wie bei einer Geburt, in die heiße, laute Welt einer osmanischen Stadt hinaus gestoßen wurde. Kaum bekam sie mit, was um ihr geschah, was mit ihr geschah. Wie betäubt, widerstandslos, ließ sie alles geschehen. Man behandelte sie gut. Sie bekam reichlich und gut zu essen, reichlicher und besser als sie es von zuhause gewohnt war, so dass sie bald wohlgenährt und gesund aussah. Auch gab man ihr neue, schöne Kleider. In dem Haus, in dem sie jetzt war, gab es noch mehr Mädchen und Frauen. Doch verstand sie deren Sprache nicht. Gab sich auch keine Mühe sie zu lernen. Also blieb sie stumm. Sprach über Wochen kein Wort. Nur manchmal sang sie leise eines der Lieder ihrer Heimat. Dann, eines Tages, kamen Männer in das Haus, besahen sich die Mädchen und einer, ein reich herausgeputzter älterer Kaufmann, nahm Elín mit.

Ihr neues Leben im Harem nahm Elín hin, wie sie alles hingenommen hatte, was mit ihr geschah, seit sie in diese heiße, staubige, fremde Stadt gekommen war. Schicksalsergeben, nichts erhoffend, nur mehr wenig befürchtend. Denn was hätte ihr noch Schlimmeres widerfahren können? Das Schlimmste, der Tod, wäre ihr als Erlösung erschienen. Ihn sehnte sie oft herbei, wie man das Kommen eines guten Freundes herbeisehnt. Mit fünfzehn bekam sie ihr erstes Kind von dem Kaufmann, den sie nicht einmal verachtete, sondern der ihr im tiefsten Grunde gleichgültig war. Mit siebzehn ihr zweites. Doch auch diese Kinder konnten die Leere in ihr nicht füllen. Wie hätte sie sie auch lieben können, da sie ja von den Mann waren, der sie wie irgendein schönes Ding erworben und in seine Sammlung gesteckt hatte. Sie lebte nicht, sie vegetierte nur.

Sie funktionierte gerade so weit, dass sie das erfüllen konnte, was von ihr verlangt wurde. Ohne innere Beteiligung, ohne Freude, ohne Abscheu. Es schien ihr als wären ihr alle Gefühle auf ewig abhanden gekommen, als würde sie nie mehr Freude oder Leid empfinden können.

Etwa ein Jahr nach der Geburt ihres zweiten Kindes aber geschah etwas, das mit einem Male die Dämme brechen ließ, das ihr mit einem Male alle Empfindungsfähigkeit, alles Leben, zurückgab, so dass auch dies kaum zu ertragen war. Eines Abends saß sie am Fenster und blickte auf den prächtigen Garten hinab, der unten in dem hellen Licht des Vollmondes silbrig glänzte. Fackeln waren aufgesteckt und entzündet worden, die die Wege flackernd erhellten. Und wie es seit langem ihre Gewohnheit war, sang sie zu dieser Stunde leise die Lieder ihrer Kindheit. Das Einzige was ihr von ihrer Heimat geblieben war. Und obwohl sie mittlerweile die fremde Sprache recht gut gelernt hatte, ihre eigene Sprache und vor allem die Lieder, die sie als Kind gesungen hatte, hatte sie nicht vergessen. Da sah sie mit einem Male unten zwei Männer auf den fackel-erleuchteten Wegen nebeneinander her gehen. Der eine war der Kaufmann, ihr Herr, der Vater ihrer beiden Kinder, der andere aber war ein junger, groß gewachsener Mann, mit dunklem Haar und einem feinen, edlen Gesicht. Einen Fremden hatte sie hier unten im Garten noch nie gesehen. Neugierig beugte sie sich vor, um besser sehen zu können. Die beiden waren jetzt stehen geblieben, der Kaufmann mit dem Rücken zu ihr, der Andere aber kehrte ihr das Gesicht zu. Und mit einem Male sah der Fremde zu ihr hinauf, mit seinen dunklen Augen, direkt in ihre himmelblauen. Und da spürte sie mit einem Male ein Gefühl mächtig in sich aufsteigen; ein Gefühl, wie sie es noch nie zuvor gekannt hatte. Schwindlig machte sie das Gefühl. Und es schien wie gemischt aus Freude und Schmerz, aus Glück und Leid. Lange sah der Fremde zu ihr empor, nachdenklich wie es schien. Doch einmal, da lächelte er und es schien Elín als würde mit diesem Lächeln alles Eis in Sekundenschnelle schmelzen, das ihr Herz, ihre Seele, in all den Jahren wie ein Panzer umfangen hatte.

In dieser Nacht lag sie schlaflos auf ihren Diwan und weinte und wusste doch selbst nicht recht warum. Alles Angestaute der letzten Jahre löste sich in dieser Nacht in Tränen auf. Sie wusste nur, dass ihr der Fremde, den sie heute gesehen hatte, unwissentlich das größte Geschenk gemacht hatte, das ein Mensch einen anderen Menschen machen kann. Er hatte ihr das Leben wieder gegeben. Sie vegetierte nunmehr nicht bloß dahin, sie lebte wieder. Und darüber war sie glücklich. Er war für ihr das Leben selbst. Doch würde sie ihn nie mehr wieder sehen. Und dieser Gedanke machte sie trauriger als je ein Gedanke zuvor. Als es etwa je der Gedanke daran vermocht hatte, dass sie ihre Heimat, ihre Eltern, nie mehr wieder sehen würde. Und doch war sie irgendwie auch glücklich. Glücklich darüber, dass sie ihn nur einmal im Leben gesehen hatte. Und glücklich, dass er ihr dieses wundervolle Geschenk gemacht hatte.

Ein paar Tage darauf geschah wieder etwas seltsames und für sie vollkommen ungewohntes. Am Abend kam ein Diener ihres Herrn in dem Harem, was noch nie zuvor geschehen war, und hieß sie folgen. Er habe Auftrag sie in die Stadt zu führen. Nicht willig, doch keinen Widerstand wagend, tat sie, was ihr geheißen. Der Diener führte sie in ein Haus, das gut eine halbe Stunde zu Fuß entfernt lag. Man führte sie in ein Zimmer, hieß sie, sich auf einem Diwan im Raum niedersetzen und zu warten. Ohne irgendeine Erklärung entfernte sich der Diener und sie war allein. Allein mit ihren Gedanken, allein mit ihren Befürchtungen. Was konnte das bedeuten? Sie konnte sich keinen Reim darauf machen. Noch niemals in all den Jahren hatte sie das Haus ihres Herrn verlassen. Nicht eine Minute hatte man sie in all der Zeit allein gelassen. Sie wartete etwa eine halbe Stunde, was ihr wie eine Ewigkeit erschien. Dann hörte sie Schritte auf der hölzernen Stiege, die zu dem Zimmer führte, in dem sie sich befand. Dann öffnete sich die Tür.

Sie erkannte nicht gleich, wer da in der Tür stand. Mit klopfenden Herzen saß sie da. Auf alles Schreckliche gefasst. Dann sah sie genauer hin, wer da stand und mit einem Gefühl wie freudiges Erschrecken, erkannte sie wer es war. Ja, es war der junge Mann aus dem Garten! Er war es, der ihr das Leben wieder gegeben hatte. Angstvoll krampfte sich ihr Herz zusammen. Was wenn er gekommen war, um ihr auch weh zu tun, wie all die anderen zuvor? Sie hätte es nicht ertragen können. Von jedem hätte sie es ertragen können, nur nicht von ihm.

Dann kam der Fremde zu ihr, kniete sich vor ihr nieder, redete in einer fremden melodischen Sprache zu ihr. Und obwohl sie kein Wort verstand, fühlte sie doch, dass seine Worte nichts böses beinhalteten, sondern dass sie sie umschmeichelten, dass er es lieb mit ihr meinte. Dann begann er türkisch mit ihr zu reden, was sie ja mittlerweile schon ganz gut gelernt hatte:

„Du verstehst meine Sprache nicht. Das ist schade. Verstehst Du mich jetzt?"

Elín nickte nur, ihre Augen an ihm geheftet, wie ein Dürstender sein Augen auf eine klare Quelle heften mag.

„Schön. Aber Du bist Doch keine Türkin, oder?"

Da es ihr immer noch nicht möglich war zu sprechen, schüttelte sie nur mit dem Kopf.

„Das habe ich mir gedacht. Bist Du Christin?"

Dieses Wort weckte zahlreiche Erinnerungen in ihr. An ihre Mutter, die ihr als Kind das Beten gelernt hatte und die ihr auch von dem guten Heiland erzählt hatte, der sie beschützte. Wieder nickte sie nur.

Wieder lächelte der Fremde sein Lächeln und wieder spürte Elín, wie ihr Herz ganz warm wurde. „Das ist sehr schön. Aber entschuldige. Du weißt ja gar nicht wer ich bin. Ich heiße Marco, so wie der Schutzpatron meiner Stadt. Ich bin hier in Geschäften unterwegs gewesen. Und da sah ich Dich. Und ich sah das silberne Mondlicht in Deinem goldenem Haar spielen. Und ich würde so gerne einmal dieses Haar berühren. Aber das werde ich nicht. Erst wenn Du mir es erlaubst. Ich habe Deinen Herrn ein hübsches Sümmchen für Dich bezahlt. Du bist jetzt frei und kannst gehen wohin Du willst. Aber hör mir bitte zu. Hier in der Stadt wütet die Pest. Ich werde morgen mit meinem Schiff absegeln. Ich würde mich freuen, wenn Du mit mir kommen würdest. Wir segeln in meine Heimat und Du sollst immer bei mir bleiben. Aber Du kannst tun, was immer Du willst. Du kannst hier bleiben oder mit mir über das Meer segeln und dann gehen, wohin Du willst."

Die letzten Worte hatte er mit einem Schmerz in der Stimme hastig hervorgestoßen, der Elín selbst weh tat. Statt einer Antwort nahm sie seine Hand und legte sie auf ihr schönes, blondes Haar. Dann sprach sie die ersten Worte seit Jahren, denn obwohl sie das Türkische mittlerweile gelernt hatte, hatte sie doch verabscheut es zu sprechen: „Ich heiße Elín. Ich gehe mit Dir, wohin immer Du willst, mein Marco."

Die ersten Tage und Wochen auf See, waren die glücklichsten in Elíns Leben. Das Schiff gehörte Marcos Vater, so dass sie die bequemste und geräumigste Kajüte an Bord bewohnten. Beide genossen den Zauber der Liebe. In den ersten Tagen waren sie damit beschäftigt jeder des anderen Körper, Geist und Seele kennen zu lernen und zu erforschen. Eng umschlungen lagen sie in der Nacht in ihrer Kajüte, jeder im anderen ertrinken, jeder im Anderen untersinken wollend. Einmal meinte Elín:

„Du, liebst Du mich wirklich? Oder hat Dir nur mein Haar so gut gefallen? Du bist doch reich. Du hättest Dir doch leicht irgendein anderes blondes Mädchen auf dem Markt kaufen können, so wie ich einst gekauft worden bin."

„Bitte rede nicht so. du weißt, dass ich dich liebe. Als ich dich da am Fenster zum ersten Mal sah, da habe ich mich, ich gebe es zu, zu aller erst in dein golden schimmerndes Haar verliebt. Doch war es mir mehr ein Symbol für Deine Seele. Die habe ich jetzt ein wenig kennengelernt und sie ist genauso schön, genau so leuchtend und frisch. Aber ganz genau kann ich es nicht erklären. Ich glaube es bleibt im Grunde ein Geheimnis, warum wir uns in einen anderen Menschen verlieben."

Oft lehnten sie am Tag Arm in Arm an der Reling des Schiffes und blickten auf die schäumende Gischt am Bug und auf das weite Meer hinaus. Delphine umspielten von Zeit zu Zeit den hölzernen Rumpf des Schiffes in spielerischer Eleganz. Elín war ganz begeistert von den Tieren, die sie noch nie zuvor gesehen hatte, von ihren starken, geschmeidigen Leibern. „Ach," seufzte sie, „könnte ich doch so frei sein wie diese herrlichen Tiere."

Marco lächelte ihr zu. Sein Lächeln, das noch immer und immer mehr so sehr ihr Herz erwärmte. „Du bist so frei. Vergiss die Vergangenheit. Du bist keine Gefangene mehr. Du segelst einer freien und schönen Zukunft entgegen."

Elín wurde nachdenklich: „Ganz vergessen werde ich niemals können, was mir geschehen ist. Aber ich danke Dir, dass Du mich befreien, mich glücklich machen willst. Aber weißt Du. Du hast mich gefragt, ob ich Christin sei. Ja, das bin ich. Auch wenn ich von dem Glauben nicht mehr weiß, als was mir meine Mutter gelehrt hat. Aber ich weiß, was Sünde ist. Du, und ich habe eine schwere Sünde begangen. Ich habe Schuld auf mich geladen. Ich bin Dir gefolgt, weil ich dich liebe und weil auch du mich liebst und auch weil ich weiß, dass ich bei Dir glücklich und frei sein kann. Aber ich war doch recht Selbstsüchtig. Du, ich habe zwei

Kinder zurückgelassen. Und so etwas tut eine Mutter nicht. Wenn ihr Vater mich auch immer nur wie irgendein Ding, wie eine Ware behandelt hat, so können ja sie eigentlich nichts dafür. Was wird aus ihnen werden?"

Marco wusste darauf nichts zu sagen. Er tröstete sie nicht mit Worten, er tröstete sie mit zärtlichen Berührungen, mit der Liebe in seinem Blick, mit seinem Lächeln, das ihr so wohl tat.

Und war ihr Glück nicht ungetrübt, so war es doch das schönste und höchste Glück, das Elín je in ihrem Leben erfahren hatte. Jeder dürstend nach dem anderen trennten sie sich kaum je für mehr als wenige Augenblicke voneinander. Jeder lernte von dem anderen. Jeder tat dem anderen Gutes. Jeder tat dem anderen wohl. Elín sang Marco vor dem Schlafen die Lieder ihrer Kindheit vor und Marco lernte ihr neue, italienische Lieder, die ihr gefielen und die sie schnell lernte, da ja ihr Liebster ihr Lehrer war. Doch fast als hätte Elín, mit diesen paar Tagen Glück, das Schicksal auf ungebührliche Weise herausgefordert, endete ihre Zweisamkeit bald auf die schrecklichste Weise. Eines Abends lagen sie in ihrer Koje nebeneinander, als an Deck ein seltsames, panisches Geschrei anhob. Beide sprangen entsetzt auf, zogen rasch ein paar Kleider über und stürzten an Deck. Oben sahen sie einen der Matrosen in panischer Angst hin und her rennend, sich mehrmals den Kopf an den Mast stoßend. Dabei rief er immer wieder: „O, mein Gott. O mein Gott. Ich muss sterben. Gott steh meiner armen Seele bei."

Die anderen hinderten den Rasenden nicht etwa an seinem Wüten, sondern wichen im Gegenteil entsetzt zur Seite, wenn er ihnen zu nahe zu kommen schien. Endlich befahl der Kapitän den Mann zu binden und zu knebeln, um ihn auf diese Weise ruhig zu stellen. Als er so endlich auf dem Deck lag, sahen Elín und Marco mit Entsetzen, was den Matrosen so zur Raserei getrieben hatte. Es war die Todesangst gewesen. Die elendeste, nackte Todesangst. Seine Fingernägel waren blau-schwarz angelaufen. Das erste Anzeichen der Pest! Und wirklich wurde der Mann noch in der Nacht fiebrig krank und starb bis zum nächsten Abend. Dann wurden weitere sechs Mann krank. Auch sie starben nach kurzer Zeit. Und schließlich erwischte es auch Marco. Elín wich nicht von seiner Seite. Abwechselnd pflegte sie ihn und weinte neben ihm. Marco wollte sie mehrmals wegschicken:

„Liebste, du darfst mir nicht mehr zu nahe kommen. Du steckst dich noch an. Ich habe dich nicht aus der Sklaverei befreit, damit du hier an der Pest krepierst. Bitte geh."

Davon wollte Elín aber nichts wissen: „Wohin soll ich den gehen? Auch draußen sind die Leute krank und sterben. Ich bleibe lieber bei dir. Es ist mir egal, ob ich mich anstecke. Ich könnte sowieso nicht mehr ohne dich leben. Entweder du wirst wieder gesund oder ich sterbe mit dir."

So lange Marco noch bei klarem Bewusstsein war, schmiegte sich Elín eng an ihn, liebkoste ihn, küsste ihm die geschwollenen Lippen, gab ihm zu trinken, trank selbst von demselben Becher. Doch bald begann das Fieber und Marco war weit weg, erkannte sie nicht mehr. Dann starb er leicht und kaum merklich. Ein letztes Aushauchen seines Atems, den Elín mit ihren Lippen aufsog, andächtig wie man ein Sakrament empängt, war das letzte Lebenszeichen. Dann lag er starr und tot. Elín weinte, weinte den ganzen Tag an der Seite ihres Geliebten, bis sie irgendwann vor Erschöpfung einschlief. Als sie wieder erwachte, war sie klar und kühl. Nachdenklich blickte sie auf ihre Fingernägel herab. Noch kein Zeichen von der Krankheit. Wie konnte das sein? Sie hatte doch mit Innbrunst jedes Gift der Krankheit in sich aufgesogen. Wollte das Schicksal sie wieder verschonen, nur um sie endlos leiden zu sehen? Nein, das durfte nicht sein. Noch viel mehr als damals auf dem Schiff, das sie von ihrer Insel wegbrachte, wünschte sie sich jetzt, zu sterben. Sie würde den Teufelskreis des Leids durchbrechen. Ihr Entschluss war gefasst. Sie richtete sich auf. Schön in ihrem Entschluss. Ihr langes blondes Haar fiel ihr wirr über die Schulter herab. Mit unendlicher Mühe schleifte sie die Leiche Marcos an Deck. Dort lag die ganze Mannschaft kreuz und quer, so wie sie die Krankheit hingestreckt hatte, stöhnend, sterbend oder schon tot. Die wenigen, die bislang von der Krankheit verschont geblieben waren, saßen mit starren, abwesenden Blick herum. Man achtete ihrer nicht. Sie hatte den kostbaren, geflochtenen Gürtel mitgenommen, den Marco ihr gleich am ersten Tag auf dem Schiff geschenkt hatte und der mit Goldfäden durchwoben war. Mit den band sie sie sich an seine Leiche. „Auf ewig verbunden." flüsterte sie. Das waren Marcos Worte in Form einer Frage gewesen, als er ihr den Gürtel überreicht hatte. Damals hatte sie nur gelächelt. Nun schrie sie die Worte noch einmal laut auf das Meer hinaus: „Auf ewig verbunden!"

Dann beugte sie sich über die Reling. Und beide Körper stürzten ins Meer. Das Gewicht der Leiche und ihr eigenes zog sie nach unten. In das nasse, willkommene Grab, in das ersehnte Nichtmehrsein. Noch ein letztes Mal in ihrem Leben musste sie kämpfen, als der Überlebenswille ihr befahl den Gürtel aufzuknüpfen, sich nach oben an das Licht, an die Luft zu kämpfen. Doch tapfer umklammerte sie die Leiche Marcos. Gab ihm noch einen letzten Kuss auf die feuchten, salzigen Lippen. Dann schlang der Tod, den sie schon so lange und oft herbeigesehnt hatte, seine Arme um sie. Der letzte Gedanke ihres Lebens war: „Du, Tod. Gut das Du nicht schon damals auf dem Sklavenschiff mein Flehen erhört hast. Wie schön und wertvoll war es doch gewesen, wenigstens einmal im Leben lieben zu dürfen, wenigstens einmal

142

im Leben wieder geliebt zu werden."

*

Träumend blickte ich über die Reling der Norröna auf das Meer hinaus. Das Buch über die färingische Geschichte, in dem ich gelesen hatte, noch immer in der Hand. Ich trauerte den Tod meiner Heldin nach, die aus den Nebeln der Zeit, fast ohne mein Zutun, aufgetaucht war, wie einst Venus, die Schaumgeborene, aus dem Meer. Es ist seltsam und ein Geheimnis, wie uns solche Dinge, wie durch Eingebung, plötzlich zufallen. Elíns Gesicht stand so deutlich vor mir, wie das eines realen Menschen. Auch ihr trauriges Schicksal war schon im ersten Gedanken an ihr enthalten, so wie der Baum im Samenkorn enthalten ist. Gedanken, Gefühle, die sich auf geheimnisvolle, unterirdische Weise zu einer ganzen Geschichte, zu einem kleinen Lebensroman verweben, ausgelöst durch ein paar magere Worte in einem kurzen, geschichtlichen Aufriss: „Im 16. Jahrhundert überfielen mehrfach englische, irische und sogar türkische Piraten die Inseln."

*

Dieses sechszehnte Jahrhundert und auch das folgende siebzehnte war allgemein eine Zeit der Wirren und des wirtschaftlichen Niedergangs. Die Reformation griff in dieser Zeit auch auf den skandinavischen Raum über, so wie allgemein der kühle nordische Geist der neuen Glaubensrichtung aufgeschlossener gegenüberstand, als der mehr symbolisch, künstlerisch veranlagte der südlicheren Völker. Im Jahre 1535 wurde Norwegen protestantisch. Drei Jahre später ließ der dänische König Christian III. alle Bischöfe der Faröer Inseln absetzen und alles Kirchenland der Bistümer, das über die Hälfte des landwirtschaftlich genutzten Landes auf den Faröern ausmachte, säkularisieren. Dieses Land fiel direkt der dänischen Krone zu, die aber, geschwächt durch die Wirren der Reformation, kaum in der Lage war das Land auf den fernen Inseln zu verwalten.

Ab 1520 hatten Hamburger Kaufleute das Handelsmonopol auf den Inseln inne. In Verwaltungsfragen bewandert, zogen sie für die dänische Krone auch die Steuern und Abgaben ein. Die Bauern der Insel, mussten immer mehr von ihrem Land verkaufen, um die hohen Steuern bezahlen zu können. Auf Grund des dänisch-schwedischen Krieges (1657 – 1669), der die Warenlieferungen an die Inseln erschwerte und zeitweilig fast zum Erliegen brachte, sowie auf Grund einer nachlassenden Nachfrage nach färingischer Wolle, verschlechterte sich die wirtschaftliche Situation der Inseln zusätzlich. Schließlich brachte der Hamburger Christoffer von Gabel, der niemals selbst die Faröer Inseln betrat, durch Ämtermissbrauch und Korruption die Wirtschaft des Landes völlig zum Erliegen. Hunger und Not herrschte in dieser Zeit unter der Bevölkerung, ähnlich wie damals auch in Island. Diese dunkelste Phase der fäingischen Geschichte, endete erst 1708 mit der Übernahme des Handels durch Dänemark, auf der eine Phase der langsamen wirtschaftlichen Erholung folgte.

*

Doch wurden die Faröerinseln auch in den kommenden Jahrhunderten nur am Rande von den großen historischen Strömungen in Europa erfasst. 1766 wurde Poul Poulsen auf der Insel Nólsoy geboren. Gemeinsam mit seinen Brüdern sorgte er Jahre später für den wirtschaftlichen Wiederaufbau der Inseln. Während seine Brüder den Handel auf den Inseln organisierten, betrieb Poul Poulsen Fischfang und ging auf Handelsreisen. Die beginnende industrielle Revolution, die das Gesicht der Erde grundlegender verändern würde, als jedes Ereignis zuvor, sorgte dafür, das fäingische Kohle, die auf der Insel Suðuroy abgebaut wurde, auf dem Festland ein gefragtes Handelsgut war. Im Gegenzug profitierten die Inseln von den ersten technischen und wissenschaftlichen Errungenschaften, der damaligen Zeit. So brachte Poul Poulsen 1805 den Impfstoff gegen die Pocken auf die Inseln. Ein wahrer Segen für die Bevölkerung, die immer wieder von Epidemien heimgesucht worden war. 1807 brachte er in Kopenhagen eine Petition zur Aufhebung des Handelsmonopols ein, die jedoch in den Wirren des dänisch-englischen Krieges, der damals gerade ausgebrochen war, unterging. Im gleichen Jahr hatte sich nämlich Dänemark Frankreich angeschlossen und wurde so in die Kriege Napoleons gegen die europäischen Monarchien hineingezogen. Eine englische Blockade verhinderte den Handel mit den Faröerinseln. Poul Poulsen starb 1808 als er versuchte mit einem seiner Schiffe diese Blockade zu durchbrechen. Nach der Völkerschlacht von Leipzig im Jahre 1813, in der Napoleon der Koalition von England, Russland, Österreich, Preußen und Schweden unterlag, wurde Dänemark im Kieler Frieden gezwungen, Norwegen an Schweden abzutreten, das unter dem schwedischen König Karl XIV. Johann in Personalunion dem Land angegliedert wurde. Nur die unbedeutenden Inseln Island, Grönland und die Faröer verblieben unter dänischer Herrschaft.

1856 wurde das Handelsmonopol endgültig aufgehoben. Damit konnten sich auch die Faröer wirtschaftlich weiter entwickeln. Der Export von Fischen brachte dem Land einen gewissen Wohlstand, obwohl weiterhin dänische Handelshäuser den Waren-austausch weitestgehend kontrollierten. In dieser Zeit entwickelte sich Tórshavn zum Handelszentrum der Faröer.

Nachdem 1848 in Dänemark eine konstitutionelle Monarchie entstanden war und 1852 auf den Faröern ein Inselparlament, das Løgting, eingesetzt wurde, entsandten auch die Faröer einen Abgeordneten ins dänische Parlament nach Kopenhagen. Verstärkt strebten die Faröer jetzt nach Eigenständigkeit. 1906 gründeten sie ihre erste Partei, die sich „Partei der Selbstverwaltung" nannte.

1940 landeten auf den Inseln englische Truppen, die den Kontakt zum faschistisch besetzen Dänemark verhindern sollten. Dann, nach dem Krieg, übertrug Großbritannien die Zivilverwaltung der Inseln dem Løgting. Im Selbstverwaltungsgesetz von 1948 wurde schließlich zwischen Dänemark und den Faröern festgelegt, dass die Inseln ein eigenständiger Teil Dänemarks sind. Die Selbstverwaltung drückt sich auch darin aus, dass die Faröer eine eigene Nationalflagge bekamen. Innenpolitisch hat das Løgting gesetzgebende Gewalt und regelt die wirtschaftlichen Belange der Faröer. Kultur, Verkehr und Industrie unterstehen voll dem Løgting. Das Bidlungs- Gesundheits- und Sozialwesen werden ebenfalls vom Løgting verwaltet. Die Justiz, das Finanzwesen und die

Außenpolitik werden aber vom dänischen Mutterland bestimmt.

Das sich die Färinger nicht als Dänen fühlen, begründet schon die eigenständige Sprache, die ja einer Kulturgemeinschaft zunächst zu Grunde liegt. Vor vier Jahren, als ich zum ersten Mal Richtung Island reiste, traf ich auf den Faröern eine kleine, dänische Reisegruppe. Dabei wurde mir versichert, dass sie kaum in der Lage seien, das Färingische zu verstehen, unmöglich sei es ihnen aber beim Isländischen.

Tórshavn, den 10. Juli 2000

Rundfahrt mit dem Motorrad über die beiden Hauptinseln der Faröer, Streymoy und Eysturoy. Die Entfernungen auf den Inseln sind nur in der Erinnerung weit. Vor vier Jahren besuchte ich diese, einsam im Nordatlantik gelegenen Inseln zum ersten Mal. Damals fuhr ich auf einer ähnlichen Route wie heute über die Inseln. Namentlich die Überfahrt über das Hochplateau Utmark erschien mir in der Erinnerung als viel länger, als sie es in Wirklichkeit ist. Freilich passierte ich diese kahle Hochebene damals bei dichten Nebel. Kaum zehn Meter betrug die Sicht damals. In langsamer Fahrt tastete ich mich vorsichtig durch die undurchdringlich scheinende Wand aus Wasserdampf.

Heute war das Wetter sehr viel angenehmer. Zwar zogen auch jetzt wieder Nebelschleier um die Fjordberge, doch blieben sie an den Gipfeln hängen und senkten sich nicht schwer und düster auf die niedriger gelegenen Flächen herab. Freilich sprühte auch immer wieder feiner Nieselregen, der für die Faröerinseln so typisch ist, gegen Helmvisier und Goretex-Jacke.

Schmale Seitenstraßen führen in die nördlichen Fjorde der Insel Esturoy. Hier, eingezwängt zwischen steilen Basaltbergen und Meer, schmiegen sich kleine, bunte Dörfer an die Küstenränder. Von oben betrachtet, wirken die Holzhäuser, die meist in warmen Rottönen gehalten sind, fast spielzeughaft unwirklich. Immer wieder stelle ich mir in meiner Phantasie vor, wie es hier wohl vor tausend und mehr Jahren ausgesehen haben mag, als die ersten normannischen Siedler an diesen Fjorden ihre Behausungen errichteten. Mit Simon McHugh, der in Australien aufgewachsen ist, jetzt aber in Deutschland lebt und den ich während der Überfahrt an Bord der Norröna kennengelernt habe, sprach ich über die Leistung der normannischen Seefahrer, die bis nach Grönland und Amerika segelten. Er meinte die Wikinger hätten wohl Mushrooms (womit er psychedelische Pilze meinte) in den Met, den sie an Bord mit sich führten, gemischt. Anders wäre die Kälte und Nässe einer solchen Überfahrt kaum zu ertragen gewesen. Eine solche Leistung ist in der Tat für den modernen, von allen Luxus verwöhnten Menschen nur schwer nachzuvollziehen. Andererseits ist es aber gerade heute im verstärktem Maße möglich, sich den Gewalten der Natur auszusetzen. Moderne Abenteurer, wie etwa Arved Fuchs oder Reinhold Messner, geben davon ein Zeugnis ab.

Tórshavn, den 11. Juli 2000

Zum Angeln an den Ufern des Leynavatn. Die für die Faröerinseln so typischen Tafelberge mit ihren deutlich voneinander abgehobenen Gesteinsschichten umstehen das stille Gewässer, dessen Oberfläche von Zeit zu Zeit durch einen böigen Windstoß gekräuselt wird. Der See scheint üppig belebt zu sein. Häufig sprangen vor mir geschmeidige, regenbogenschillernde Forellenleiber aus dem Wasser, ohne jedoch den ins Wasser geworfenen Blinker annehmen zu wollen. Nach geduldig wiederholten Versuchen aber, ließ sich doch noch eine schlanke Forelle an Land ziehen. Ich zog den Fisch aus dem Wasser und schlug ihn mit einem Stein bewusstlos. Nach dem tödlichen Stich ins Herz, nahm ich ihn gleich aus und wusch ihn im See. Das alles geschah mit einer ruhigen Sachlichkeit, wie ich sie noch vor wenigen Jahren kaum aufgebracht hätte. Es gab Zeiten, da wurde ich von jedem kleinsten Ereignis bis in die innersten Fasern meines Wesens bewegt. Dies ist seit einigen Jahren anders geworden. Ab einem bestimmten Alter scheint man den Dingen mit zunehmender Distanz gegenüber zu stehen. Leid und Freude treten nicht mehr so ungehemmt und unmittelbar an einen heran. Die Seele bildet eine Schutzschicht aus, härtet ab.

*

Vom Nordufer des Leynavatn führt ein Seitental in die Berglandschaft hinein. Zu Fuß folgte ich dem Bach, der am Grund dieses Tales verläuft. Das Gewässer einige Male querend, kam ich so immer tiefer in das wilde, abgeschiedene Hochland der Inseln hinein. Vereinzelt sah man Schafe an den Steilhängen grasen. Austernfischer umkreisten mich mit ihren harten „kri-kri" Rufen. Ansonsten war kein lebendes Wesen auszumachen. In solcher Abgeschiedenheit treten wir uns selbst unmittelbar gegenüber. Das sind Gegenden für Eremiten und Einsiedler, die, abgeschieden von der Welt, doch wieder eine ganze Welt in sich selbst entdecken. Nach etwa einer Stunde Fußmarsch versperrte mir schließlich ein Wasserfall den Weg. Hier war kein Weiterkommen mehr möglich.

Nachdem ich ein wenig gerastet hatte, trat ich den Rückmarsch an. Um fünf Uhr Abends war ich wieder zurück am Motorrad, von wo aus ich meinen kleinen Ausflug in die Einsamkeit der färingischen Landschaft begonnen hatte.

*

Anschließend Weiterfahrt nach Vestmanna. Vom dortigen Hafen aus, nahm ich an einer Bootsfahrt teil, die hinaus an die Vogelfelsen am Ende des Fjordes führte. Unzählige Seevögel segelten am Saum der hohen Klippen entlang, die bis zu fünfhundert Meter aus dem Wasser ragen. Vom Boot aus betrachtet wirkten die Vogelleiber winzig. Sie waren fast nur als dunkle Punkte auszumachen, fast als wären es winzige Mücken, die im Schwarm über einer Sommerwiese tanzen. Auch alte Bekannte sah ich wieder. Die Papageientaucher, die hier wie Enten mit ihren winzigen Leibern auf dem Wasser schwammen. Das Bild war mir neu. Bisher kannte ich sie nur, wie sie oben auf den Klippen, nahe ihrer Bruthöhlen, saßen. Aus winzigen Felsnischen lugten die Köpfe junger Trottellummen hervor. Früher, bis in die fünfziger Jahre des zwanzigsten Jahrhunderts hinein, wurden diese Klippen von geübten Jägern bestiegen. Jedes Jahr wurden auf diese Weise tausende von Seevögeln gefangen und landeten im Kochtopf. Nun ist die Jagd verboten. Doch noch sieht man an den Klippen Drahtseile gespannt, mit deren Hilfe sich die Jäger einst nach oben gehangelt hatten.

*

Unser Bootsführer hatte heute Geburtstag. Er lud mich nach der Fahrt noch zu Kaffee und Smørebrød ein. Seine Frau gab mir zum Abschied auch noch ein dickes Kuchenpaket mit. Mit Erstaunen hörte sie, dass von meinem Wohnort aus, das Meer, nach Norden wie nach Süden, etwa tausend Kilometer entfernt sei.

*

Nach einer schönen Fahrt über die abendlich stillen Inseln, kam ich gegen Mitternacht wieder an mein Zelt zurück. Unter einen, in allen Smaragdfarben leuchtenden Himmel, bereitete ich mir noch den am Nachmittag gefangenen Fisch zu, der mir vorzüglich mundete. Noch nach Mitternacht war es hell genug, um vor dem Schlafen noch ein wenig im Zelt zu lesen.

Östlich des Myvatn (N 65° 39.444´ / W 16° 34.318°), den 13. Juli

Fahrt vom Fährhafen Seyðisfjörður zum Myvatn. Kahle Lavafelder, Nebel, Sturm. Ich habe mich mit Simon McHugh zusammengetan, den ich auf der Norröna kennengelernt hatte. Auch er ist mit dem Motorrad unterwegs. In Australien geboren und in Schottland aufgewachsen, lebt er heute in Hamburg. Wir wollen zusammen in die Ódáðahraun.

Zwischen Egilsstaðir und dem Myvatn gab es, außer ein paar einsamen Gehöften, keine menschliche Siedlung mehr. Nur endlos scheinende, kalte und dunkle Lavaflächen. Da die Tankkapazitäten meiner Enduro äußerst bescheiden sind, es sind nur dreizehn Liter, inklusive Reserve, ging mir zwanzig Kilometer vor Reykjahlið der Sprit aus. Simon, der ebenfalls schon auf Reserve geschaltet hatte, fuhr zum Myvatn, um dort Benzin zu besorgen. Ich blieb derweilen alleine auf der kahlen Hochfläche zurück. Dunkles Lavageröll ringsumher. Zum Schutz vor dem kalten Wind, spannte ich meine Zeltplane über dem Motorrad auf. Dahinter geborgen wartete ich, bis Simon mit neuem Sprit vom Myvatn zurückkehrte.

Herðubreiðarlindir, den 15. Juli 2000

154

Nach Südwesten, der Askja-Caldera zu. Der flache, breite Gipfel des Herðubreið schwebt wie eine weiße, surreale Landmarke über den dunklen Lavaflächen, während der Fuß des Berges von feinem Nieselregen verschleiert wird. Geröll- und Weichsandfelder wechseln einander ab. Zwei, drei Flüsse sind zu durchfahren. Einer davon, ein Seitenarm der Jökulsá á Fjöllum, ist tief und breit.

Simon fährt voraus, ich folge. Wasserdampf steigt brodelnd von dem heißen Auspuff in die Luft. Die Strömung zerrt an den Reifen. Es ist schwierig das Gleichgewicht zu halten. Bis zum Tank reicht an der tiefsten Stelle das Wasser. Auf halbem Weg, mitten im Fluss, stirbt der Motor ab. Schrecksekunde! Mit den Stiefeln auf den rutschigen Flusskieseln Halt suchend, stütze ich das Motorrad ab. Glücklicherweise springt der Motor, nachdem ich den Elektrostarter kurz antippe, gleich wieder an. Ich drehe am Gasgriff. Das Motorrad wird nach vorne katapultiert. Wie der Bug eines Bootes pflügt das Vorderrad, eine schäumende Welle vor sich her schiebend, durch das Wasser. Schon steigt das Flussbett wieder an. Das Ufer kommt schnell näher. Dann ist es geschafft. Ich bin auf der anderen Seite des Flusses. Weiter geht es in schneller Fahrt über steinige Pisten. Trotz des Regens wirbeln die Reifen Staub auf. Endlich, am späten Nachmittag, erreichen wir, durchnässt und frierend, die grüne Oase inmitten schwarzer Lavawüsten,

Abb. 12: Wieder durch Wasser und Wüste

Herðubreiðarlindir. Schnell ist das Zelt aufgebaut. Dampfend steht der Teekessel auf dem Kocher. Bald ist es im Zelt gemütlich und warm. Luxus, den ich hier mehr zu schätzen weiß, als zuhause Fußbodenheizung und gefüllte Kühlschränke.

*

Gegen Abend siedelten wir dennoch in die nahe Schutzhütte um, die für jedermann zugänglich ist. Von den Fenstern des Aufenthaltsraums bot sich ein schöner Blick auf den Herðubreið, der nun im hellen Abendlicht des isländischen Sommers klar und deutlich zu sehen war. Mehr als tausend Meter steigen die ebenmäßigen Flanken des Berges von der umliegenden Ebene in die Höhe. Einstmals, während der letzten Eiszeit, lag der Herðubreið unter einem mächtigen Gletscher verborgen. So wie heute etwa die Katla, spie der mächtige Schildvulkan, den um einen solchen handelt es sich, von Zeit zu Zeit Lava und heiße Gase, unter dem Eis hervor. Zwei feindliche Elemente trafen aufeinander. Gewaltige Mengen an Schmelzwassern bildeten sich. Ungeheure Gletscherläufe mussten das Land überflutet haben. Heute liegt der Breitschultrige ruhig und gelassen da. Wie friedlich erscheint uns oft an der Oberfläche die Natur und welche gewaltigen Kräfte birgt sie doch in sich.

*

Ich unterhielt mich an diesem Abend lange mit Simon McHugh. So
wie mein Großvater mit der Wehrmacht am Russlandfeldzug
teilnahm, diente Simons Großvater während des Zweiten
Weltkriegs in der Royal Navy. Im Mittelmeer ereilte ihn zum ersten
Mal das Schicksal. Von einem deutschen Flugzeug bombardiert,
sank sein Schiff innerhalb von Minuten. Er konnte sich retten, doch
verbrannte ihm heißes Öl die Augen, so dass er erblindete. In Malta
lag er lange im Hospital. Endlich sollte er auf einem Lazarett-schiff
nach England gebracht werden. Doch nicht weit von Malta entfernt,
traf wiederum ein Torpedo das Schiff, der wohl von einem
italienischen U-Boot abgefeuert wurde. Wieder versank das Schiff
in den Fluten, wieder überlebte Simons Großvater. Nachdem er
wieder gesundet war, wurde er in den pazifischen Raum versetzt,
um gegen die Japaner zu kämpfen. Doch nachdem er nun zweimal
Abschuss und Untergang der Schiffe, auf denen er fuhr, erlebt
hatte, hatte er die „Schnauze voll". In Australien desertierte er.
Versteckte sich im Outback. Erst eineinhalb Jahre nach Kriegsende
wurde er gefunden und festgenommen. Für den Tatbestand der
Fahnenflucht kam er mit drei Monaten Gefängnis recht glimpflich
davon. Meinem Großvater drohte schon, nachdem ihm einmal,

158

beim Einfüllen von Benzin, versehentlich ein Stromaggregat in Flammen aufgegangen war, die standrechtliche Erschießung. Die Völker Europas haben seit damals einen weiten Weg zurückgelegt. Wir Nachfahren jener Menschen, die das schreckliche Abenteuer des Krieges durchleben mussten, haben heute das Privileg unsere Abenteuer selbst wählen zu können. Die furchtbaren Schrecken jener Zeit blieben unseren Generationen erspart. Das Los, das allein durch die Zufälle der Geburt, einen jedem Menschen seinen Platz in der Geschichte zuweist, fiel für uns günstig. Man kann nicht anders als allein dafür schon eine tiefe Dankbarkeit zu empfinden.

*

Im Schlafsack. Beim Einschlafen zogen vor dem geschlossenen Auge noch einmal die unendlichen, schwarzen Lavafelder vorbei, die ich während des Tages durchfuhr. Die Reise durch solche Einöden rüttelt an den Grundfesten gewohnter Vorstellungen. Das Leben überzieht nur partiell die Erde, so wie das Glück im Dasein nur eine ephemere Erscheinung ist. Die großen Wüsten bringen den Kampf ums Dasein unmittelbar zur Anschauung. Und doch, auch hier durchbrechen vereinzelte Blumen das schwarze Lavageröll und grüne Oasen die endlosen, kahlen Weiten.

Am Fuß des Herðubreið (N 65°08.559′ / W 16°20.336′), den 16.
Juli 2000

Versuch, den Herðubreið zu besteigen. Das lose Geröll, das die
Hänge des Schildvulkans bildet, machte den Aufstieg äußerst
mühsam und auch gefährlich. Regentropfen, vermischt mit kleinen
Hagelkörnern, prasselten gegen die Gore-Tex Regenjacke und in
das Gesicht. Dazu vereinzelte Orkanböen, die es einem schwer
machten, sich auf den Beinen zu halten. Auch bestand die Gefahr,
durch eine solche Böe, den Stand zu verlieren. Verzweifelt krallten
sich die Hände an den wenigen Steinen fest, die nicht locker waren
und nicht gleich unter dem Griff nachgaben. Oft löste sich auch ein
reichlich großer Brocken und schoss, stetig schneller werdend, die
steilen Berghänge hinab. Einmal löste sich unter Simons Füßen ein
solcher Stein von der Größe eines menschlichen Kopfes. Sekunden
später prallte er gegen den Felsen, an dem ich mich mit meiner
rechten Hand gerade noch festgekrallt hatte. Den Stein-brocken aus
den Augenwinkeln wahrnehmend, hatte ich meine Finger im Reflex
gerade noch rechtzeitig weggezogen. Nicht weit unterhalb des
Gipfels kamen wir an steile Felsbarrieren, die zu übersteigen uns
unmöglich war. Zwar musste es irgendwo eine Scharte geben, über
die schon 1908 der Erstbesteiger des Berges den Gipfel erreicht

160

hatte, doch suchten wir nach ihr vergeblich. Rückzug im strömenden Regen. Brennender Durst begann mich während des Abstiegs zu quälen. Längst war die mitgeführte Thermoskanne mit Tee geleert. Doch fand ich weiter unten eine Fels- spalte, aus der klares, sauberes Wasser sprudelte. Am späten Nachmittag erreichten wir schließlich wieder, erschöpft und halb durchnässt, den Fuß des Berges und die dort abgestellten Motorräder.

Südwestlich der Askja (N 65°00.940′ / W 16°34.106′), den 17. Juli 2000

Gegen Mittag Aufstieg zur Askja-Caldera. Der Öskjuvatn liegt zwischen niedrigen, schwarz-grauen Vulkanrücken, die auch jetzt, im Juli, noch teilweise von Schnee bedeckt sind. Dazwischen eingebettet, der tiefblaue See. Zweihundertundsiebzehn Meter tief ist das Gewässer, das in einem großen Einsturzkessel, eben einer sogenannten Caldera, liegt. Schon die farbliche Erscheinung solcher Seen, die weit hinab in die ewige Dunkelheit reichen, spiegelt immer auch das Geheimnisvolle, Unergründliche ihrer Tiefen wieder. Und meist sind mit ihnen auch mysteriöse, rätselhafte Vorgänge verbunden. So auch hier. Am 10. Juli 1907 ruderten zwei Deutsche, der Geologe Walther von Knebel und der

Maler Max Rudloff, mit einem Boot auf dem Öskjuvatn hinaus. Wenig später verschwanden sie spurlos. Was mit ihnen geschah, ist bis heute nicht geklärt.

Abb. 13: Die Askja-Caldera

Gleich am Ufer des Öskjuvatn liegt der kreisrunde Vulkankrater Víti. Auch an dessen Boden befindet sich ein Vulkansee, der jedoch im Vergleich zum Öskjuvatn, wesentlich kleiner ist. Und auch sonst haben die beiden Seen wenig gemein. Ist das Wasser des Öskjuvatn eisig kalt, so das der Víti angenehm warm. Scheut man sich nicht vor dem strengen Schwefelgeruch, der vom Grund des Kraters aufsteigt, so reicht die Temperatur des Sees sogar für ein Bad. Natürlich ließen wir uns diese Chance nicht entgehen. Nachdem wir die steilen Hänge des Kraters hinab gestiegen waren, sprangen wir in das seichte grün-graue Wasser. Kaum damit in Berührung gekommen, färbte sich das Silberarmband Simons tiefschwarz. So badet es sich also in der Hölle! Denn nichts anderes bedeutet Víti, auf Deutsch übersetzt. Und auch sonst war die Szenerie dem Namen angemessen. Vom Grund des Sees stiegen immer wieder kleine Gasbläschen an die Oberfläche. Und auch von den Hängen des Vulkankraters stiegen schwefelige Dämpfe empor. Kein Zweifel. Wir schwammen hier im See eines recht aktiven Vulkankraters. Ein großer Ausbruch der Víti, wie der gesamten Askja, fand im März 1875 statt. Gewaltige Bimssteinmengen wurden bis zu dreißig Kilometer in die Luft geschleudert. Große Weideflächen in Ostisland und bewohnte Täler versanken unter der ausgeworfenen Asche. Zahlreiche Höfe wurden zerstört. Viele Bauern verloren durch diesen Vulkanausbruch ihre Existenz. Etwa

164

zehntausend Isländer, so schätzt man, wanderten damals nach Amerika aus, weil ihre Lebensgrundlage zerstört war.

*

Am Nachmittag dann weiter mit dem Motorrad durch die weiten Lavawüsten Nordost-Islands. Sand und Geröll so weit das Auge reichte. Der stürmische Wind blies prasselnd feine Sandkörner gegen Helm und Visier. Gegen Abend kampierten wir mitten in der menschenleeren Weite. Es war nicht einfach das Zelt inmitten des Sturms zu errichten. Der Sand drang in jede kleinste Ritze ein, brannte in den Augen wie Feuer. Simons Zelt, das eine, in die Jahre gekommene, Einbogenkonstruktion war, war dem Sturm nicht gewachsen. Obwohl ich ihm anbot, dass er mit in meinem Zelt übernachten könnte, zog er es vor, nur mit dem Schlafsack im Freien zu schlafen. Die ganze Nacht schwankte die Bogenkonstruktion meines Zeltes im Sturm über mir hin und her, wie die Kajüte eines Segelbootes in aufgewühlter See.

Abb. 14: Durch surreale Lavalandschaften

Abb.15: In Sturm und Wüste

Weiterfahrt auf der F 910 durch das Hochland. Nach wenigen Kilometern geraten wir in eine weite Senke mit knietiefem, feinen Lavasand. Schnell wühlt sich das Hinterrad des Motorrads bis zur Achse ein. Bei jedem Dreh am Gasgriff schleudert das grobe Profil des Hinterreifens Sandfontänen aus. Oft springe ich ab. Stemme mich mit aller Kraft gegen das Motorrad. Dann geht es wieder ein paar Meter weiter. Nach etwa einer Stunde haben wir vielleicht einen Kilometer geschafft. Nun kommt Simon, der hinter mir gefahren war, auf meine Höhe vor. Resigniert schüttelt er den Kopf, zeigt mit dem Daumen nach unten. Hier war für uns kein Durchkommen. Nach kurzem Überlegen nicke ich ihm zu. Wir kehren um. Auch diesmal wieder, wie vor vier Jahren, hat mich die Ódáðahraun, die große Missetäterwüste, besiegt. Doch aus den Erlebnissen von damals habe ich schließlich gelernt, dass der Versuch ein Durchkommen auf Biegen und Brechen erzwingen zu wollen, wenig Sinn macht. Hier ist die Natur noch stärker als der Mensch.

*

Der Weg zurück zur Ringstraße ist zum Teil überflutet. Die letzten

Tage waren für Island außergewöhnlich warm gewesen. Schmelzwasser von den Gletschern ließ die Flüsse anschwellen, die nun auch kein klares, sondern schmutzig-graues Wasser führen. Die Furten sind tiefer geworden. Doch noch gelingt die Durchquerung. Freilich fehlen nur wenige Zentimeter, bis das Wasser bis über den Luftfilter des Motorrads heranreichen würde. Als wir endlich alle Flüsse hinter uns gelassen haben und auf die Wellblechpiste nach Norden gelangen, geben wir Gas. In schneller Fahrt geht es voran. Gefährlich sind die plötzlich auftretenden Weichsandstellen. Man muss rechtzeitig vom Gas gehen, bevor man auf eine solche gelangt, sonst ist ein Sturz fast unvermeidlich. Am späten Nachmittag erreichen wir das kleine Städtchen Reykjahlíð am Myvatn. Mit einer herrlichen, warmen Dusche wasche ich mir den Sand und Dreck der letzten Tage vom Körper.

Reiykjahlíð, den 20. Juli 2000

Abschied von Simon. Er erwartet seine Freundin, die ihm mit dem Flugzeug nachreist. Ich habe während der gestrigen, wilden Fahrt irgendwo mein Nummernschild verloren. Also fahre ich noch einmal auf derselben Strecke zurück, auf der wir gestern nach

Reykjahlíð kamen. Die Suche gleicht freilich der berühmten Stecknadel im Heuhaufen. So verwunderte es mich stark, dass ich das Nummernschild, nach etwa sechzig Kilometern Fahrt, doch am Straßenrand wiederfand. Es lag mit der Schrift nach unten da und hob sich so kaum von der Umgebung ab. Fast hätte ich es auch übersehen und wäre daran vorbeigefahren. Auf der Rückfahrt gebe ich ordentlich Gas. Es ist herrlich so befreit von all dem Gepäck dahin zu brausen. Die Nadel des Tachometers bleibt zitternd an der 100 km/h Marke stehen. Ja, das ist die Lösung! Nur so wird es mir möglich sein die Ódáðahraun zu durchqueren. Ohne Gepäck. Nur mit Fotoapparat und dem Nötigsten zum Überleben ausgerüstet...

*

Woher diese Hartnäckigkeit in der Verfolgung einmal gesteckter Ziele, einmal ins Auge gefasster Pläne? Es ist fast als ginge im Scheitern auch ein Stück Selbstvertrauen verloren. Ein schmerzhaftes Verlangen erfüllt die Seele. Witternd verfolgt man die Spur. Sucht eine neue Chance das Scheitern doch noch in einen Sieg zu verwandeln. Und dies oft über Jahre hinweg. Ist das ein Teil uralten Erbes? Der Jagdinstinkt der Mammutjäger, in Jahrtausenden der Evolution ausgebildet? Der mächtige Trieb unserer Vorfahren, der sie befähigte, der Fährte des Wildes über

Tage hinweg durch eisige Steppen zu folgen. Ein Trieb, der auch in uns, die Nachfahren jener frühen Menschen, lebendig ist. Noch immer fließt der Erbteil jener Ur- und Frühmenschen durch unsere Adern. Nur halb und halb zugedeckt und verschüttet durch den Prozess der Zivilisation.

*

So verbringe ich den Rest des Tages damit, Pläne zu schmieden, wie es mir doch noch gelingen könnte, in den eigentlichen, den wilden, ungezähmten Teil der Ódáðahraun, vorzustoßen. Ein Isländer, erfahren im Befahren abgelegener Hochlandpisten, gab mir wertvolle Informationen. Wenn ihm auch aus eigener Erfahrung jene kleine Stichpiste, die ich mir für den Vorstoß in das Hochland ausgesucht habe, nicht bekannt ist.

Reiykjahlíð, den 22. Juli 2000

Auf labyrinthischen Wegen nach Süden, der Wüste zu. Noch ist das Land grün und fruchtbar – Myvatnsheiði. Unzählige Vögel, vom Lärm des Motors aufgescheucht, umflattern mich während der Fahrt, machen krächzend ihrem Ärger über die Störung Luft. Ihre

171

Nester sind in den strauchhohen Weiden und Birken verborgen, die weite Flächen links und rechts der Piste bewachsen. Manchmal torkeln auch flugunfähige Küken vor mir über den Weg, kleine Daunenbündel auf kurzen Stummelbeinchen. Etwas abseits stehen wollige Schafe, die mir aus neugierigen Augen hinterher blicken. Das Weiß ihres Fells durchbricht das einförmige Grün der Landschaft.

Plötzlich, fast ohne Übergang, verschwindet die Vegetation. Ein dunkles, unebenes Lavafeld ist zu durchqueren. Die erkaltende Lava schuf bizarre, unförmige Gebilde. Der Weg ist kaum mehr zu erkennen, obwohl in Abständen Steinmännchen zur Orientierung errichtet sind. Dennoch bin ich dankbar, dass ich im mitgeführten GPS eine zusätzliche Orientierungshilfe besitze. Oft sind hüfthohe, glatte Lavastufen mit dem Motorrad zu erklimmen, die schon beinahe eine Trial-Maschine erfordern würden. Auf der anderen Seite der groben Blöcke, geht es dann wieder über ebenso steile Stufen hinab. Dann kommt es vor, dass das Motorrad krachend mit dem Rahmen auf den scharfen, harten Kanten der Lavablöcke aufsetzt.

An einer geschlossenen Hütte des isländischen Ferðafelag, einer Institution, die man in etwa mit unserem Alpenverein vergleichen kann, treffe ich auf einem Schweizer, der mit einem Land Rover allein in der Wüste unterwegs ist. Er erzählt, dass ich seit zwei Tagen der erste Mensch bin, der ihm begegnete. Die Strecke hier scheint in der Tat eine der abgelegensten Pisten in Island zu sein. Auf den meisten Karten ist sie dann auch gar nicht eingezeichnet. Nur auf meinen feineren topographischen Karten, mit einem Maßstab von 1 : 300 000, die ich mitführe, findet sie sich als gestrichelte Linie.

Nach einer kurzen, sandigen Strecke, steigt die Piste auf in gebirgige Regionen. Ein Hochtal ist zu durchqueren. Ockerfarbene Felsbrocken, groß wie Einfamilienhäuser, wohl vom Frost von den umliegenden Bergrücken abgesprengt, säumen links und rechts die Piste. Zwergenhaft komme ich mir zwischen diesen Riesenbrocken vor. Ein ähnliches Gefühl muss wohl Gulliver auf der Insel der Riesen befallen haben. Das Gigantische der isländischen Natur zieht mich immer wieder in seinem Bann. Gäa als Riesin. Die Mythen haben dies in gültige Bilder übersetzt.

Vor eisgepanzerten Hängen nehme ich eine weitere Messung mit dem GPS vor. Immer wieder rechne ich auch mit dem Taschenrechner aus, ob das mitgeführte Benzin für die geplante Strecke noch reichen würde. Bald ist der „Point of no return"

Abb.16: In der Missetäterwüste

erreicht. Dann wird nur noch eine Richtung möglich sein –
Vorwärts! Für einen Rückzug würde das Benzin nicht mehr
ausreichen. Nieselregen und feine Nebelschwaden beginnen die
Berge einzuhüllen. Dichter, aufziehender Nebel – das ist eine
meiner größten Sorgen. Orientierung wäre kaum mehr möglich.
Mir bliebe nichts anderes übrig, als, eingehüllt in die mitgeführte
Rettungsplane aus Aluminium, besseres Wetter abzuwarten. Zelt
und Schlafsack habe ich am Myvatn zurückgelassen, um die
Beweglichkeit des Motorrads zu erhalten. Auch sonst verzichtete
ich, bis auf ein wenig Proviant und einiger Kleinteile in den
Taschen meiner Motorradjacke, auf jegliche Ausrüstung. Ich
wusste, dass nur so diese Strecke zu bewältigen wäre.

Als ich in die tiefer gelegene Ebene der Ódáðahraun hinabfahre,
beginnt jedoch die Wolkendecke aufzureißen. Ab und zu bricht
sogar die Sonne durch dunkle, schleierhafte Wolkenfetzen. Dafür
nimmt nun der Wind gewaltig an Stärke zu, treibt feinen Lavasand
in Augen, Mund und Nase.

Dann geht es über die Gæsavatnsleiði nyðri, eine der beiden
Hauptpisten durch das Herz der Ódáðahraun, nach Westen.
Zusammen mit der Gæsavatnsleiði syðri gilt sie als die schwierigste
und gefährlichste Hochlandpiste Islands. Ich finde sie aber gar

nicht so übel. Das Stück vom Myvatn bis hierher, empfand ich als schwieriger. Doch einfach ist die Strecke sicherlich nicht. Meist fahre ich im ersten oder zweiten Gang, da das zerklüftete Gelände keine höheren Geschwindigkeiten erlaubt. Die Piste schlängelt sich durch hügelige, schroffe Lavafelder. Große Steinbrocken liegen oft mitten auf dem Weg, zwingen zu vorsichtigem Fahren, denn eine Kollision hätte sicherlich Sturz und Beschädigung des Motorrads zur Folge. Auch sind einige kleine Bäche zu durchfahren. Freilich sind die tiefen, gefährlich Furten erst weiter westlich zu finden. Bis dorthin jedoch werde ich nicht vordringen können, da der Benzinvorrat nicht reichen würde. Irgendwo muss eine kleine Piste nach Norden abzweigen, die mich zurück zum Myvatn bringen würde. Mit dem Finden dieser Abzweigung freilich habe ich meine Schwierigkeiten. Eine Messung, die ich mit dem GPS vornehme zeigt mir, dass ich schon um etwa fünfzehn Kilometer daran vorbei gefahren bin. Ich beschließe, genau nach GPS zu navigieren. Wie ich es aus der Karte ausgemessen habe, muss die Abzweigung genau auf bei W 17°26.536′ liegen. Als ich die Stelle erreiche, finde ich auch wirklich einige Spuren im Sand, die aber kaum zu erkennen sind. Genau solche Spuren zweigen unzählige von der Piste ab und verlieren sich irgendwann im Nichts. Ich kann mir nicht sicher sein, dass ich die richtige Piste erreicht habe. Doch bleibt mir nichts anderes übrig, als den Spuren zu folgen, stetig mit der Unsicherheit kämpfend, auch wirklich die richtige Strecke gefunden zu haben. Nach etwa zwanzig Kilometern Fahrt, messe ich noch einmal mit dem GPS nach. Erleichtert stelle ich fest, dass ich wohl die richtige Strecke gefunden haben muss. Ich war seit der Abzweigung immer geradewegs nach Norden, also Richtung Myvatn, vorgestoßen. Auch befinde ich mich laut Karte genau dort, wo die Piste verlaufen muss. Ich hätte es mir auch fast denken können. Als ich kurz nach der Abzweigung meinen letzten Reservekanister in den Tank füllte, spannte sich ein Regenbogen als Glücksverheißung über die Berge im Westen.

Jetzt beginnt die helle, doch kalte Nordlandnacht über Island hereinzubrechen. Nun kämpfe ich nicht mehr nur gegen die Schwierigkeiten der Piste, sondern auch gegen die zunehmende Müdigkeit und Erschöpfung. Einmal liegt ein großer Steinbrocken inmitten der Fahrbahn. Zu müde zur schnellen Reaktion fahre ich voll auf. Ich höre ein hässliches, kratzendes Geräusch, als der Motorblock auf den Stein aufsetzt. In hohem Bogen werde ich aus dem Sattel in den Sand geschleudert. Mein Bein ist unter dem Motorrad eingeklemmt. Ich komme nicht gleich frei. Die aufkeimende Angst verleiht mir zusätzliche Kräfte, so dass ich mich schließlich doch befreien kann. Schnell richte ich das umgestürzte Motorrad wieder auf, denn es besteht die Gefahr, dass ich etwas von dem kostbaren Benzin verliere. Doch sehe ich dort, wo das Motorrad lag, keinerlei Feuchtigkeit im Sand.

Irgendwann wird das Land wieder grüner. An einem Flusslauf steige ich einmal von der Maschine, um mir die Furt anzusehen, die ich zu durchfahren habe. Da torkele ich wie betrunken am Fluss entlang. Falle irgendwo in das niedere Gestrüpp. Scheinbar ist der Gleichgewichtssinn durch die unablässige Fahrt und Anstrengung gestört. Erschöpft liege ich einige Minuten reglos da. Schafe, die am anderen Ufer weiden, schauen herüber, als wären sie über mein seltsames Verhalten erstaunt.

Gegen Mitternacht wird die Müdigkeit und Erschöpfung übermächtig. Ich lege mich einfach hinter einem Fels und schlafe sofort ein. Doch nach etwa zwei Stunden treibt mich die Kälte wieder hoch. Im Halbdunkel fahre ich weiter. Um drei Uhr morgens überzieht flammendes Rot den Himmel. Eine Kulisse, wie sie gut für die erbitterten Kämpfe gepasst hätte, die in den alten Island-Sagas beschrieben werden.

Weiter durch das grüne Heideland. Bald verliert sich die Piste in einem Geäst tiefer, schmaler Spurrinnen. Kaum breiter als das Motorrad selbst, erfordert das Fahren in diesen engen Gräben noch einmal meine ganze Konzentration. Dann treffe ich unverhofft und plötzlich wieder auf eine breite, gut ausgebaute Schotterpiste. Auch säumen bald wieder die ersten Gehöfte den Weg. Hier kann ich wieder Gas geben. Es geht zügig voran und so treffe ich bald auf den Goðafoss, der direkt an der asphaltierten Ringstraße liegt. Allein sitze ich lange auf einer Graskuppe über dem Wasserfall und blicke gedankenverloren in die fallenden Fluten unter mir. Hier warf, einer Sage zufolge, der hier ansässige Bauer seine Götterbilder von Thor und Odin in den Fluss, als im Jahre 1000 n. Chr., auf den Alþing, die Einführung des Christentums in Island beschlossen worden war. Seither trägt dieser Wasserfall den Namen Goðafoss, was man in etwa mit „Götterwasserfall" übersetzen kann.

Schon fast im Halbschlaf fahre ich dann weiter durch den Morgen. Bis zum Myvatn ist es nicht mehr weit. Buchstäblich mit dem letzten Tropfen Sprit erreiche ich um fünf Uhr morgens Reykjahlíð, von wo aus ich gestern um acht Uhr am Morgen aufgebrochen war.

Ásbyrgi, den 24. Juli 2000

Auf den hohen Lavaklippen bei Ásbyrgi im Nordosten von Island.

Der Blick senkt sich auf Talgründe, die mit buschigen Wald bewachsen sind. Nach den Tagen in der Ódáðahraun-Wüste, mutet die Vegetation hier üppig, beinahe subtropisch, an. Auch das Wetter trägt zu diesem Eindruck bei. In dem, von dunklen Lavawänden umstanden Rund Ásbyrgis wird es für Island außergewöhnlich warm. Nachmittags nehme ich am Fuß der Klippen ein Sonnenbad. Selbst mit nackten Oberkörper komme ich reichlich ins Schwitzen.

*

Das Abendlicht auf den Klippen. Die Materie beginnt sich, wie von Innen heraus, zu verwandeln – wird lumineszent.

Ásbyrgi, den 26. Juli 2000

Mit starker Missstimmung erwacht. Ich musste mich zwingen, aufzustehen. Um das Gleichgewicht wieder herzustellen, fuhr ich in ein nahes Schwimmbad. Nachdem ich ein paar Runden geschwommen war, stieg ich in ein, mit etwa vierzig Grad warmen Wasser gefülltes Becken, wie man sie in Island nicht nur in den meisten öffentlichen Bädern, sondern auch auf vielen Privathöfen findet. Der Brauch geht noch auf die Zeit der Landnahme zurück.

Schon von Snorri Sturluson wird berichtet, dass er oft Stunden in der warmen Quelle auf seinem Hof verbrachte. In Gesprächen mit seinen Freunden vertieft, mag das Behagen des Bades den freien Gedankenaustausch gefördert haben. Auch wird er in der Wärme des Wassers wohl auch über seine Schriften meditiert haben. Mit ihm beginnt im frühen 13. Jahrhundert der Stern der isländischen Literatur zu erstrahlen. Im Jahre 1220 verfasst er die Prosa-Edda, ein Kompendium nordischer Mythologie, ohne das uns viel von der Gedankenwelt der heidnischen Nordmänner verloren gegangen wäre. Zwischen 1220 entsteht dann sein Hauptwerk, die *Heimskringla,* eine Geschichte der norwegischen Könige, in deren Mittelpunkt Olaf der Heilige steht. Auch wird von vielen Literaturhistorikern vermutet, dass Snorri Sturluson auch der Verfasser der *Egils saga* sei. Diese Geschichte, die vom abenteuerlichen Leben des Skalden Egil erzählt, gehört zu meinen Lieblingen unter den nordischen Island-Sagas. Egil war nicht nur ein furchtbarer Streiter, sondern vieler Dinge mächtig, wie es in jener Zeit das Ideal eines Wikingers war. Wortgewaltig in seiner Dichtkunst, ruhelos auf abenteuerlichen Fahrten unterwegs, der Traumdeutung und Zauberkunst mächtig und doch auch geschickter Handwerker und Mehrer seines Reichtums, verband er Eigenschaften miteinander, die auch für mich, in meinem persönlichen Leben, mir als tragende Säulen meiner Existenz vorschweben.

In Snorris Zeit waren die Taten der heidnischen Vorfahren, wie
Egil, schon sagenhafte Vergangenheit. Island war seit zwei
Jahrhunderten Teil des christlichen Abendlandes. Und doch
brodelten noch, ja sogar im verstärkten Maße, die alten Konflikte
und Kämpfe zwischen den herrschenden Sippen des Landes. Hinzu
kam die zunehmende Einflussnahme des norwegischen Königs. Die
Zeit des Freistaats ging ihrem Ende entgegen. Bald brachen
bürgerkriegsähnliche Zustände aus. Glücklos taktierte Snorri
zwischen den isländischen Machtgruppen und dem norwegischen
König und wurde schließlich, in dessen Auftrag, am 22. September
1241, auf seinen Hof in Reykholt ermordet.

*

Nach dem Bade, in deutlich gehobener Stimmung, Fahrt zum
Dettifoss. Zweihundert Kubikmeter Wasser pro Sekunde stürzen
hier tosend und schäumend vierundvierzig Meter in die Tiefe.
Damit ist der Dettifoss, mengenmäßig, der größte Wasserfall
Europas. Sprühwasser überzieht die grasbewachsenen, rutschigen
Hänge am Wasserfall mit Dauerregen. Die Sogwirkung beim Blick
in die grau-braunen fallenden Fluten ist gewaltig. Es ist als würde

182

man den festen Boden unter den Füßen verlieren und hineingezogen werden in den fallenden, tobenden Strudel. Im starken Gegensatz dazu wirkte der zarte, feine Regenbogen, der sich über den donnernden Wassermassen spannte.

*

Vom Dettifoss aus gelangt man in einem etwa einstündigen Fußmarsch zu dem südlich gelegenen Hafragilsfoss. Dort war ich alleine, während am Dettifoss zahlreiche Touristen, die meist mit Bussen dort hingebracht worden waren, das Naturwunder bestaunten. Auch gelangt man hier viel näher an die tosenden Wassermassen heran. Der Eindruck unmittelbar entfesselter Energie wirkte so noch stärker, obwohl der Hafragilsfoss weniger hoch als der Dettifoss ist. Wassersäulen steigen beim Aufprall noch einmal auf halber Höhe des Falls aus den Fluten empor, von der Wucht heraus geschleudert. Die Zwergweiden, die nahe des Flussufers wachsen, waren mit einer dicken Staubschicht überzogen. Fein gemahlene Sedimente, die der Fluss mit sich führt, waren hier von den Energien des Wasserfalls empor geschleudert und über weite Flächen an den Ufern verteilt worden.

*

Beim Rückmarsch kam plötzlich, wie von Zauberhand, dichter Nebel auf, der sich auch über die Schotterpiste, die von der Ringstraße zum Dettifoss führt, ausgebreitet hatte. Die Fahrt durch das körperlose, weiße Etwas, aus dem vereinzelt und schemenhaft Felsblöcke im Strahl des Motorradscheinwerfers auftauchen, erzeugt ein seltsam, beklemmendes Gefühl, so als würde man im Traume durch eine gefährliche, geisterhafte Welt getragen werden.

Húsavík, den 27. Juli 2000

Am späten Nachmittag Ausfahrt mit der Náttfari in den Skjálfandir-Sund. Bald schon tauchten links und rechts des Bootes große Finnen und Schwanzflossen empor – Minkwale, zu deren Beobachtung wir ausgefahren waren. Diese Wale, die im Deutschen auch als „Zwergwale" bezeichnet werden, werden immerhin bis zu elf Meter lang und zehn Tonnen schwer. Doch trotz ihrer Größe und ihres Gewichts durch-schnitten ihre Finnen mit gemächlicher Sicherheit das Meer. Ihre glatten Rücken glänzten im einfallenden Sonnenlicht, während das Wasser um sie herum wie von einer dünnen Silberfolie überzogen schien. Einmal blies einer der Wale in einem tiefen Schnaufer ganz nahe am Boot seinen Atem ab. Ich

184

hatte den Eindruck als wären diese Wesen unmittelbar dem Element entsprungen, in dem sie leben, so vollkommen ist die Passung an das Meer. Im Hintergrund Berge, mit weißen Flecken liegengebliebenen Schnees gesprenkelt. Die Wasserfälle, die von den steilen Felsflanken in das Meer stürzen, wirken von weiten statisch, so als wären sie eingefroren und mitten im Fall erstarrt. Skuas kämpften in den Lüften gegen Möwen, denen sie im Sturzflug ihre mühsam errungene Beute abjagten. Das nordische Meer – eine Wiege des Lebens, unter und über Wasser.

Reykjavík, den 31. Juli 2000

Samstagnacht in Reykjavík. Ich trug den Geruch der Berge und der Wildnis in die Bars der Stadt. Alkohol geschwängerte Diskussionen in einem kleinen Kreis von Isländern. Einer war Anhänger der hier weit verbreiteten und staatlich anerkannten Pagan-Religion. Der Religion der Nordmänner, wo Thor und Odin die höchsten Götter sind. Er stimmte mir zu, als ich den Gedanken vertrat, dass die alte, germanische Religion näher an der Natur sei, als das Christentum. Ein Anderer war Komponist. Er animierte uns zum Singen. Jeder war einmal dran. So auch ich, obwohl es mit meiner Sanges-kunst nicht weit her ist. Ich intonierte Auszüge aus Beethovens neunter

185

Symphonie: „Freude schöner Götterfunke!" Gegen drei Uhr morgens hatte der Alkohol schon einen dichten, sanften Schleier über die Realität geworfen. Weiße, rauschahfte Nächte!

Vatnskot – þingvallavatn (N 64° 14.690′ / W 21° 05.450`), den 2.

August 2000

Grüne, von schwarzem Lavagestein umsäumte Hügel, spiegeln sich in den wind- gepeitschten Wassern des Sees. Ich werfe die Angel aus, spüre beim Einholen den leichten Widerstand des Blinkers, der rotierend das Wasser durchpflügt. Ruhe ringsumher. Nur manchmal ertönt der Ruf einer Möwe in den Lüften. Nach kaum zehn Minuten beißt auch schon der erste Fisch an. Ich ziehe den sich windenden, schlanken Körper, ohne dass die Forelle großen Widerstand leisten würde, aus dem Wasser. Der Fisch ist schon schwer verletzt, als ich ihn an Land ziehe. Der Haken hat sich durch sein linkes Auge gebohrt. Da nichts anderes zur Hand ist, erschlage ich ihn mit meiner Thermoskanne. Es ist ein schönes, schlankes Weibchen. Der Bauch ist prall mit Kaviar gefüllt. Kleine, feste orange-gelbe Gallertkügelchen. Nachdem ich ihn ausgenommen habe, wasche ich ihn im kalten Wasser des Sees. Als der Körper noch einmal mit dem ihm angestammten Element in Berührung kommt, scheint der letzte Lebensfunke, wie ein spätes Abendrot, noch einmal die Regenbogenhaut des Fisches zu durchglühen. Doch beginnt das opalisierende Farbenspiel der Haut schon nach Sekunden zu verblassen. Ich lege den Fisch auf einen Stein, drehe mir eine Zigarette und trinke Tee, bevor ich die Angel erneut auswerfe. Die Fische scheinen heute in Beißlaune zu sein. Kaum zwei Stunden angle ich und erbeute drei schöne, regenbogenschillernde Forellen. Kaum eine halbe Stunde später brutzeln sie schon in der Pfanne. Die Fische tun mir leid. Es sind wunderschöne Kreaturen.

Dieses Mitleid im Kleinen ist heute weit verbreitet. Zumindest in so überzivilisierten Gebieten, wie Mitteleuropa. Kaum einer vermag heute mehr zu schlachten oder seiner Nahrung jagend nachzustellen. Wir delegieren solche Dinge meist an andere, die ihrem Geschäft im unsichtbaren Raum nachgehen. Den steril verpackten Produkten im Supermarkt sieht man das Leid der Kreaturen nicht mehr an, die für unseren reich gedeckten Mittagstisch ihr Leben ließen. Und im Großen richten wir weitaus mehr Verheerung unter der Geschöpfen der Natur an, als etwa die Jägervölker der Eiszeit oder irgendeine andere Kultur in der Geschichte der Menschheit es je getan hat.

Islands Bacchanalien finden während des ersten Wochenendes im August statt. Überall im Land wird zu dieser Zeit exzessiv gefeiert und, wie es den nordischen Völkern gemein ist, auch ausgiebig getrunken. Auch Sigriður erzählte mir davon. Eines der größten Feste an diesem Wochenende findet hier auf den Westmännerinseln statt. Das sogenannte þjóðahátið in Heimæy, das ich mir natürlich nicht entgehen lassen wollte. Schon während der Überfahrt vom Festland, auf der Fähre, begann das Zechgelage. Manche hatten sich gar auf den Rücken einen großen Plastikkanister gebunden, aus dem sie mittels eines Schlauches eine undefinierbare, alkoholische Flüssigkeit saugten. Nach ein paar Drinks schwamm ich ganz gut in der Festlaune der Isländer mit und fand auch recht schnell Anschluss an eine kleine Gruppe. Wir kamen auch auf die Islandsagas zu sprechen. Allgemeines Erstaunen, dass ich mich ganz gut in dieser altisländischen Literatur auskannte. Auch dass es davon überhaupt Übersetzungen ins Deutsche gibt. Der Stolz der Isländer war unmittelbar zu spüren.

*

Das Fest findet etwas abseits der Stadt im tief eingeschnittenen

Herjólfsdalur statt. Eine bunte Zeltstadt war hier entstanden. Tausende von Isländern kommen während dieser tollen Tage vom Festland herüber und feiern zusammen mit den Inselbewohnern ein ausuferndes, wildes Fest. Drei Tage lang wird gesungen, getanzt und ohne Unterlass ungeheure Mengen an Alkohol konsumiert. Ich gab mir reichlich Mühe, da mit zu halten, was mir auch halb und halb gelang. Zumindest machte ich der bajuwarischen Trinkfestigkeit, von der auch die Isländer schon tolle Dinge gehört hatten, keine Schande. Auch ein amouröses Abenteuer durfte nicht fehlen. Eva. Eine Blüte im Garten der Lust, die nur für eine einzige Nacht, ja selbst nur für wenige Stunden, für mich blühte.

Nördlich der Hekla (N 64° 01.979′ / W 19° 46.504′), den 8. August
2000

Aufstieg zur Hekla. Erkaltete Lavaströme zu Füßen des Vulkans bilden zerklüftete, bizarre Formationen. Gigantische Schutthaufen vulkanischer Eruption. Das Dynamische solcher Landschaften wird selbst in den erkalteten Lavagebilden unmittelbar spürbar. Ein Übermaß an plutonischer Energie ließ im weiten Umkreis des Vulkans wilde, wüstenhafte Flächen zurück. Vereinzelt durchbrechen winzige Blüten das Grau und Schwarz des

Abb. 17: Am Fuße der Hekla

Lavaschutts. Auch ein paar Schafe lugen neugierig von den Hügeln herab. Es ist erstaunlich, dass sie in dieser wüstenhaften Gegend genügend Weidegrund zu finden vermögen. Über unförmige Lavablöcke balancierend, suche ich mir einen Weg zu den Hängen der Hekla. Hekla, das ist die Bedeckte. Und in der Tat umspielen auch jetzt unablässig Wolken den Gipfel des Vulkans. Schon von Beginn an, ist der Aufstieg über wilde Schutthänge mühsam und anstrengend. Knöcheltief sinke ich bei jeden Schritt in die fein zerriebene Lavaasche ein. Erst weiter oben wird der Grund etwas fester. Eine Zeit lang geht es ganz zügig voran. Auf halber Höhe erreiche ich ein Hochplateau, das ganz mit grobkörnigen Auswürfen bedeckt ist. Eine Mondlandschaft bar jeglichen Lebens. Nachdem ich diese flache Ebene überquert habe, wird das Steigen noch anstrengender, die Hänge noch steiler. Der Boden rutscht unter den Füßen weg. Kaum komme ich noch vorwärts. Bei jeden Schritt, den ich vorwärts gehe, rutsche ich wieder einen halben Schritt zurück. Bald schon bekomme ich Krämpfe in den Waden. Die Muskeln sind übersäuert. Wo ich stehe, lasse ich mich einfach auf den Boden fallen. Der vulkanische Untergrund ist angenehm warm, während der Wind eisig kalt über mir hinweg fegt. Durch Wolkenlücken sehe ich weit unter mir grüne Oasen mit Flüssen und saftigen Wiesen. Noch zwei Mal nehme ich Anlauf. Manchmal geben die Wolken den Gipfel frei, der nicht mehr allzu fern scheint.

Doch es ist sinnlos. Ich habe keine Kraft mehr in den Beinen. Der Weg zurück ins Lager ist weit. Ich kehre um. Beim Abstieg sacke ich mehrmals weg. Die Beine sind schwach und fühlen sich wie Gummi an. Über die zerklüfteten Lavafelder brauche ich doppelt so lange, wie auf dem Hinweg. Zum Schluss laufe ich ohne zu Denken, in einer Art Trance, dahin. Erst in der Nacht, nachdem ich zehn Stunden ohne Unterbrechung gelaufen und geklettert war, erreiche ich wieder das Zelt. Erschöpft lasse ich mich auf den Schlafsack fallen. Augenblicklich umfängt mich der tiefe Schlaf der Ermattung.

Grundarfjörður, den 10. August 2000

An den westlichsten Ausläufern der Snæfelsness-Halbinsel. Weithin leuchtet das Eis des Snæfelsjökull über Land und Meer. Dieser Gletscher, der sich an den Hängen eines flachen Vulkans anschmiegt, zählt zu den schönsten Islands. Sensitive Seelen fühlen von ihm eine geheimnisvolle Energie ausstrahlen. So etwa auch Halldór Laxness, der isländische Literaturnobelpreisträger, der seinen Roman „Weltlicht" hier ansiedelte. Von der Straße, die sich um die Landspitze der Snæfelsness-Halbinsel windet, führt eine holprige Schotterpiste an den Rand des Eises, der ich folgte. Bei strahlenden Sonnenschein blickte ich zu den gleißenden Hängen des Vulkans empor. Ein seltsames Gefühl, so als hätte ich ein riesiges, schlafendes Wesen vor mir, erfüllte mich in diesen Augenblicken. Ruhig und mächtig und in sich ruhend wie ein uralter Baum, lag der Vulkan, unter der Decke des Gletschereises geborgen, vor mir.

*

Dann in einer Lavahöhle, die sich unmittelbar im flachen Boden öffnete. Der Grund der Höhle war mit Tierknochen übersät. Anscheinend Überreste von Pferden und Schafen, die einst in diese Höhle gefallen waren und darin elendig zu Grunde gingen. Leere Augenhöhlen blickten mich im Schein der Taschenlampe schaurig an.

*

Abends Strandgang. Oft stießen Küstenseeschwalben in wütenden Angriffen auf mich herab, wenn ich ihren Nestern zu nahe kam. Bald schon, im Herbst, wird ihr großes Abenteuer beginnen – der Flug um den halben Erdkreis ins Südpolarmeer. Daher entfernte ich mich schnell wieder aus ihrem Brutgebiet. Sie werden ihre Kräfte auf der langen Reise sicherlich zu Besserem brauchen, als hier, für ihre Angriffe gegen mich. An einer ruhigeren Stelle saß ich lange auf einem Felsen und blickte gedankenverloren auf die Wellen hinaus, die ruhig und gleichmäßig gegen den Strand brandeten. Die Sonne träufelte glitzerndes Gold auf das Wasser. Ein Lied von Björk kam mir in den Sinn:

> I tiptoe down to the sea
> stand by the ocean
> make it roar at me
> and I roar back.

Grundarfjörður, den 11. August 2000

Ruhetag. Ich las in den „Selected Stories" von Guy de Maupassant, die ich mir in Reykjavík besorgt hatte. So war ich für einen Nachmittag nicht mehr in Island, sondern im Frankreich des fin de sicle. Am Abend kamen Felicitas und Leo, ein Pärchen aus Donauwörth, auf den Zeltplatz, den ich bis dahin für mich allein gehabt hatte. Unterhaltung über Erlebtes und über Island im Allgemeinen. Das ungezwungene und schnelle Bekanntwerden mit den Menschen, zählt für mich zu den angenehmsten Dingen des

Reisens.

Im Haukartal. Man nimmt an, dass hier, auf dem Hof Eiriksstaðir, Leif Eiríksson geboren wurde. Wenn das stimmt, und einiges spricht dafür, dann wäre von diesem Ort eines der seltsamsten Kapitel der Weltgeschichte ausgegangen. Denn Leif Eiríksson, den man auch Leif den Glücklichen nannte, war der erste Europäer, jedenfalls der erste namentlich bekannte Europäer, der seinen Fuß auf amerikanischen Boden setzte. Fünfhundert Jahre vor Kolumbus. Daran kann, nach allen Erkenntnissen der modernen Archäologie und Geschichtswissenschaft, kein Zweifel mehr sein.

Zu Leif Eiríkssons Zeit waren die Männer aus dem Norden, die man gemeinhin unter den Namen Wikinger kennt, schon seit zweihundert Jahren, oder seit gut sechs Generationen, der Hefesatz in der Geschichte Europas gewesen. Der Beginn der Wikingerepoche lässt sich an einem genauen Datum festmachen. Der 8. Juni 793 n. Chr. An diesem schönen Frühsommertag waren die Mönche der Hebrideninsel Lindisfarne damit beschäftigt Heu für das Vieh einzufahren. Gegen Mittag tauchten am Horizont fremdartig anmutende Schiffe mit quer gestellten Segeln auf, die in schneller Fahrt auf die Insel zuhielten. Die Mönche waren ohne Arg. Schließlich stand ihr Kloster auf heiligen Boden und kein Christenmensch hätte es jemals gewagt den Frieden der Insel zu stören. Wie hätten sie auch ahnen können, dass an Bord dieser Schiffe Heiden waren, Anhänger Odins und Thors, die sicher nicht einmal wussten, welche Bewandtnis es mit einem christlichen Kloster auf sich hatte und die von weit her, aus dem südlichen Skandinavien, über das Meer gekommen waren. Die schlanken Schiffe hielten direkt auf das Ufer der Insel zu. Knirschend fuhr der Kiel der Schiffe auf Grund. Dann brach die Hölle über die friedlichen Mönche herein. Brüllend und Äxte und Schwerter schwingend, sprangen rot-blonde Krieger aus den Fahrzeugen an Land und fielen über das Kloster her. Ein Teil der Brüder wurde gleich niedergemacht. Ein anderer, gefesselt und versklavt, hinweg geführt. Auch machten sich die Fremden einen Spaß daraus wieder andere ihrer Kleidung zu berauben und sie mit Spott und Hohn davonzujagen. Auch die Mägde und Knechte des Klosters wurden erschlagen. Dann raubten diese Piraten des Nordens den Kirchenschatz, stürzten die Altäre um, vernichteten die Klosterbibliothek und plünderten die Keller und Vorratsräume aus. Auch das Vieh auf den Weiden wurde geschlachtet und als Proviant in die Bäuche der Schiffe verladen. Schließlich verschwanden die fremden Krieger ebenso schnell wieder, wie sie aufgetaucht waren. Mit reicher Beute beladen und die rauchenden Trümmer des Klosters, das der Heilige Aidan vor einhundertachtundfünfzig Jahren gegründet hatte, hinter sich lassend.

Von diesem Tag an waren die Küsten Europas nicht mehr sicher. Noch unzählige solcher *Strandhöggs,* solcher blitzartigen maritimen Überfälle, sollten dem Angriff auf Lindisfarne folgen. Und bald schon fassten die Wikinger an vielen der Küstenstreifen Fuß, die sie vorher ausgeplündert hatten. Wie eine geschichtliche Explosion mutet die raumgreifende Expansion der Nordmänner an. Im Westen eroberten sie Teile Englands, die Normandie und Irland. Im Nordatlantik besiedelten sie die Shetland-Inseln, die Faröerinseln, Island und Grönland. Im Osten folgten sie den großen Strömen des späteren Russlands bis nach Byzanz und weiter ins Mittelmeer. Am Dnjepr gründeten sie auch das Königreich Kiew, das zur Keimzelle Russlands wurde. Vom Kaspischen Meer bis Amerika reichten ihre Unternehmungen. Leif und seine Vínlandfahrer waren die Speerspitze dieses, von vitaler Kraft strotzenden Volkes, im Westen.

*

So wird also Leif Eriksons und der Zeit der wilden Nordmänner, hier an diesem Wochenende gedacht. An demselben Fluss, in dem Eirik rauði þorvaldson wohl einst seine Pferde tränkte, stehen nun, tausend Jahre später, wiederum normannische Zelte auf den Wiesen am Fluss. Isländer, die Nachfahren der Wikinger, für ein Wochenende wieder gewandet wie ihre Vorfahren, bevölkerten die Zeltstadt. Lammfleisch wurde an langen, eisernen Spießen über dem Feuer gegrillt. Bärtige Männer führten mit Schwert und Schild Schaukämpfe auf, während andere Reitkunststücke auf den kleinen, doch wendigen und robusten Islandpferden ausführten. Abends dann noch einmal eine erotische Begegnung mit einer blonden Isländerin. Fast scheint es, als würde Venus als Schutzgöttin über dieser Reise stehen.

Styykisholmur, den 13. August 2000

Am Helgafell, dem heiligen Berg der Isländer. Im Mittelalter stand hier ein Augustinerkloster. Viele wertvolle, altisländische Handschriften entstanden hier. So wie auch auf dem Kontinent, in den Schreibstuben der Klöster, viele Sagen der Völker und Stämme, die sich im Mittelalter langsam zu Nationen ausformten, bewahrt wurde. Die kulturelle Einheit Europas, vom Bosporus bis zu den entferntesten Inseln des Nordatlantiks, war schon einmal verwirklicht.

Látrabjarg, den 14. August 2000

Der westlichste Punkt Europas! Laut GPS steht mein Zelt genau auf N65° 30.771' / W24° 29.756'. Bis Grönland sind es noch genau 278 Kilometer. Zwischen hier und Nordamerika treffen die Wellen des Nordatlantiks auf kein Land mehr.

*

Die Klippen von Látrabjarg beherbergen wohl eine der größten Vogelkolonien Europas, wenn nicht der Welt. Während des Sommers brüten hier Millionen von Seevögeln – Trottellummen, Dreizehenmöwen, Tordalken, Papageientaucher. Doch nun, Mitte August, ist die Brutsaison schon fast zu Ende. Schon sind die Trottellummen verschwunden und auch die Papageientaucher beginnen sich rar zu machen. Der, ansonsten prächtig gefärbte Schnabel dieser Vögel beginnt nun, nach dem Brutgeschäft, allmählich zu verblassen. Vor vier Jahren, im Juni, als ich das erste Mal hier am Látrabjarg war, waren die Felsen von unzähligen, geschäftig hin und her flatternden Papageientauchern, Trottellummen und anderen Seevögeln bevölkert. Doch auch jetzt noch ist das Aufgebot an Leben beeindruckend. Schlanke Möwen gleiten scheinbar mühelos, fast ohne Flügelschlag, durch die Luft. Vereinzelt sieht man, hoch in den Lüften einen Skua, eine große braune Raubmöwe, ihre Kreise ziehen. Papageientaucher starten auf kurzen Stummelflügeln auf das Meer hinaus. Doch wo Leben ist, ist auch der Tod nicht weit. Auf den Wiesen über den Klippen fand ich auf meinen Gängen einen Jungvogel, der verletzt zu sein schien. Als ich mich im näherte versuchte er auf schwankenden Beinen zu fliehen, sank aber, nach wenigen Schritten wieder erschöpft ins Gras zurück. Angstvoll blickte er mich aus dunklen Vogelaugen an. Wenn ihn nicht in der Nacht der Fuchs holt, wird er sicherlich bald des Hungers sterben. Obwohl in den letzten Jahren emotional gestärkt, dreht sich mir noch immer, bei einem solchen Anblick, Magen und Herz um. Das Dunkle, das Leid, bricht sich immer wieder Bahn durch die dünnen Decken des Glücks.

*

Dann, als wollte mich die Natur entschädigen, das heitere Bild. Ein junger Fuchs, der hinter einem Felsen hervorlugte. Nicht weit davon entfernt, weideten Schafe. Auch sie, ebenso wie ich, hatten den Fuchs bemerkt. Neugierig und ohne Scheu rückten sie dem jungen Räuber näher. Doch diese großen, zotteligen weißen Tiere waren dem Kleinen nicht geheuer. Schleunigst gab er Fersengeld und galoppierte in dem eigenartigen Gang, wie er jungen Füchsen oder auch Hunden eigen ist, den Grashang hinab. Seine Mutter war wohl nicht weit. Ich sah kurz vorher am Strand einen Altfuchs hinter Felsen verschwinden.

Am Dynjandifoss (N 65° 44.165' / W 23° 12.552'), den 15. August 2000

Fahrt über Hochebenen und Schotterpisten. Es ist ein erhebendes Gefühl, wenn man, etwa aus den Kurven heraus, kurz am Gasgriff des Motorrads dreht und das kraftvolle Blubbern des Einzylinders das Gewicht von Maschine und Fahrer mühelos vorwärts katapultiert. Das Fahrwerk meiner Enduro ist sehr zu loben. Nichts, auch nicht die tiefsten Schlaglöcher, brachten bis jetzt die Kawasaki ins Schwimmen. Eine „Hardenduro", wie gemacht für ein raues Land wie Island.

*

Das Motorrad verbindet einen viel intensiver mit dem Land und den Elementen, als ein Auto es je vermöchte. Man kommt dem Gefühl früheren Reisens zu Pferde schon sehr nahe. Für mich ist das Motorrad ein Stück Freiheit. Dazu die Lederkluft. Das verwegene Auftreten. Man fühlt sich ein wenig als Outlaw und Waldgänger. Als Nachfahre der wilden Nordmänner.

*

Abends dann Aufstieg zum Dynjandifoss. Wie feine, weiße Silberfäden spannt sich an diesem Wasserfall das stürzende Nass über den Fels. Die Kraft des Wassers erscheint hier feiner, graziler, träumerischer als etwa am Dynjandifoss. Das Wasser scheint hier oben nur Anlauf zu nehmen, um sich gleich darauf in drei, vier weiteren Stufen noch weiter in die Tiefe zu stürzen, um sich endlich unten im Fjord, der nur einige hundert Meter vom ersten Wasserfall entfernt ist, mit dem Meer zu vereinen.

*

Abends am Zelt noch 6° Celsius. Die Luft herbstlich – schneegeschwängert.

Holmavík, den 16. August 2000

Bislang kältester Tag in Island. Trotzdem bin ich die Strecke vom Dynjandifoss bis Holmavík durchgefahren. Heftige Rückenschmerzen. Abends im Zelt eine Schmerztablette genommen, was bei mir nur sehr selten vorkommt.

Holmavík, den 17. August 2000

In der Ausstellung „Witchcraft and Sorcery in Iceland". Die Westfjorde Islands waren früher bekannt für ihre Zauberer und Hexen. Den Kern der Ausstellung bildet ein Grimoar, ein altes isländisches Zauberbuch, in dem die verschiedenen Zaubersprüche festgehalten wurden. Darunter reichlich skurrile, wie etwa der Reichtumszauber. Hierfür ist es nötig, dass der Zauberer einen Pakt mit einem lebenden Menschen schließt. Letzterer muss eine Art Testament unterzeichnen, natürlich mit Blut, in dem er dem Zauberer nach seinem Tode seine Beinhaut vermacht. Nachdem der Unterzeichner nun eines natürlichen Todes gestorben ist, macht sich der Zauberer daran, ihm die Beinhaut von der Taille abwärts wie ein Fell abzuziehen. Es ist darauf zu achten, dass die Haut vollkommen komplett bleibt, ohne Löcher und Kratzer. Hierauf zieht sich der Zauberer, oder die Hexe, diese Haut wie eine Hose an. In dieses seltsame Beinkleid wird sodann eine Münze geworfen, die zuvor an Weihnachten oder Ostern von einer armen Witwe gestohlen wurde. Dann braucht der Zauberer noch eine zweite Person, die in das linke Bein der Haut hineinfährt, sobald er daraus heraus steigt. Werden diese Handlungen korrekt ausgeführt, wird der Geldbeutel des Zauberers niemals leer sein. Der Wohlstand, der durch diesen Zauber beschworen wird, soll sich sogar über mehrere Generationen vererben.

Ein anderer Zauber soll dazu dienen, Stürme heraufzubeschwören. Hierzu werden vom Zauberer Feuerbälle hergestellt, die in ihren Hauptbestandteilen aus Kohle, Öl und Schwefel bestehen. Diese Feuerbälle, mit dem Meere vereint, sollen eine Stichflamme aus dem Wasser heraus schleudern und schließlich einen Sturm erzeugen. Ende des 17. Jahrhunderts brach ein Schiff, das Güter für Strandír geladen hatte, während eines Sturms vom Anker los und zerbrach. Die Mannschaft ertrank und nur wenige Güter wurden gerettet. Es gab glaubhafte Zeugen, die versicherten, sie hätten solche Feuerbälle vor dem Sturm in der Nähe des Schiffes ins Wasser fliegen sehen.

Im Gegensatz zum übrigen Europa war in Island die Magie eine Sache der Männer. Das heißt jedoch nicht, dass es in Island keine Hexen gab. Die folgende Zauberformel etwa konnte nur von Frauen ausgeführt werden. Um eine künstliche Kreatur zu erschaffen, eine Art isländischen Golem, musste man folgende Prozedur befolgen. Aus einem Grab wurde eine menschliche Rippe entnommen, die mit Haut zu einem Bündel verschnürt wurde. Dieses Bündel musste die Hexe dann drei Wochen zwischen ihren Brüsten tragen. Während dieser Zeit musste sie dann die heilige Messe besuchen und während drei Sonntagen jedes Mal etwas Messwein auf dieses Bündel träufeln. Dann würde das Wesen zum Leben erwachen und die Befehle seiner „Mutter" ausführen. Auch hier versicherte ein ehrenwerter und glaubhafter Zeuge, dass er ein solches Wesen in den Bergen umherstreifen sah.

Reykjavík, den 19. August 2000

Ich gönne mir vor der Heimreise noch einige Ruhetage in Reykjavík. Die Westfjorde saugten mir die letzte Kraft aus den Knochen. Mittags lagen die Temperaturen in den letzten Tagen bei gerade einmal noch + 4° Celsius. Dazu der eisige Westwind aus Grönland. Meine Kraftreserven sind erschöpft. Ich habe

Halsschmerzen, Husten und Rückenschmerzen. In Reykjavík hingegen empfing mich dann ein herrlich sonniger und warmer Sonntag. Abends Stadtbummel im T-Shirt. Die Bilder der Reise beginnen die Qualität des Neuen, des Ungewohnten, zu verlieren. Am kommenden Donnerstag bringt mich die Norröna zurück aufs Festland. Es ist gut, nun wieder nachhause zurück zu kehren. Die Haltung zu den Dingen und Menschen, die einem wichtig sind, wird auf Reisen neu vertieft, neu definiert auch. Auch bin ich begierig auf geistige Arbeit im Studierzimmer, auf die Ruhe des Herbstes und Winters.